Ingeborg Pilgram-Brückner

Sternschnuppen
vom
Nikolaus

20 Adventskalender-Geschichten

Mit Bildern von
Ruth Elsässer

Einbandgestaltung und Bilder im Textteil
von Ruth Elsässer

2. Auflage 2000
ISBN 3-88069-368-4
© 1999 J. Ch. Mellinger Verlag GmbH, Stuttgart
Druck: Hohenloher Druck- und Verlagshaus, Gerabronn

Sternschnuppen vom Nikolaus

Dieses „Sternschnuppenbuch" bietet vielerlei Möglichkeiten, die Adventszeit mit Kindern zu gestalten. Da sind zum einen die Geschichten, vom 5. Dezember bis zum 24. Dezember, jeden Tag eine. Sie können vorgelesen oder erzählt, aber auch noch durch kleine Gaben ein wenig ausgeschmückt werden. So lässt sich an jedes Märchen ein Nikolausgruß binden, nichts Teures, nur eine Kleinigkeit, eben etwas, in das die Kinder weiter hineinträumen können. Vorschläge dafür sind als Fußnoten nach jeder Geschichte angegeben. Die meisten der vorgeschlagenen Gegenstände (zum Beispiel Glaskugeln, Nüsse, Glöckchen, Wattepilze), sind wahrscheinlich bereits in den Familien vorhanden. Wenn nicht, lassen sie sich leicht besorgen oder herstellen. Und schon das gemeinsame Zusammentragen oder Basteln könnte Freude bereiten. Doch müssen diese Gaben nicht sein. Die Märchen stehen auch für sich allein.

Die Geschichte von den verlorenen Weihnachtsliedern „Das Weihnachtsliederbuch" bietet sich außerdem als Singspiel für Musikschulen und Vereine an. Sie kann nach Belieben musikalisch weiter ausgeschmückt werden.

Schließlich sind da noch die in die Geschichten eingestreuten Gedichte zum Aufsagen. Welches Kind verkleidet sich nicht gerne? Die kleinen Gedichte eignen sich für Aufführungen zuhause oder im Kindergarten. Da können die Kinder „auftreten" als Sternchen, Sonnenstrahlen, Zwerge, Glöckchen, Fliegenpilze, als Weihnachtslichter, Christrosen oder Schneeflöckchen. Der eigenen Fantasie sind mit diesem Buch keine Grenzen gesetzt. Möge es die Kinder in fröhlicher Besinnung zum Christfest hin begleiten.

Verse zum Aufsagen

Inhalt

Die Sorgen des Nikolaus

Der Nikolaus saß auf einer Wolke und starrte in seinen leeren Sack. „Nein, da mach' ich nicht mit", brummelte er vor sich hin, „da mach' ich einfach nicht mehr mit. Hier unten auf der Erde gibt es jetzt Kinder, die haben viel zu viele Spielsachen. Das ist nicht gut für sie. Mit zu vielen Spielsachen können sie doch gar nicht mehr richtig spielen. Und nun soll ich ihnen auch noch etwas schenken. Nein, da mach' ich nicht mehr mit. Da mach' ich einfach nicht mehr mit."

Laut sagte das der Nikolaus, ziemlich laut, so dass es auch die Weihnachtsengel auf der Nachbarwolke hörten. Einer von ihnen flog schnell zu dem Nikolaus hinüber und rief: „Das kannst du doch nicht tun, Nikolaus. Die Kinder auf der Erde warten auf dich. Du darfst sie nicht im Stich lassen."

„Will ich auch nicht", sagte der Nikolaus, aber ich möchte ihnen etwas anderes schenken, nicht die üblichen Gaben. Weißt du, ich möchte ihnen etwas für ihre Träume, für ihre Fantasien bringen, etwas Himmlisches, etwas, das ihre Gedanken in dieser Adventszeit ein wenig von den irdischen Geschenken ablenkt. Aber was, das weiß ich eben noch nicht. Hast du vielleicht eine Idee, was ich den Kindern schenken könnte?"

Der Weihnachtsengel dachte ein Weilchen nach. Er überlegte hin und her. Etwas zum Träumen für die Kinder, das war nicht ganz leicht zu finden. Doch plötzlich fiel es ihm ein: „Schenke den Kindern Geschichten. Vom Nikolaustag an bis zum Heiligen Abend jeden Tag eine Geschichte. Was meinst du dazu?"

Der Nikolaus war hell begeistert: „Genau das ist es, genau das werde ich machen. Das ist mal etwas anderes." Doch dann wurde er wieder unsicher: „Deine Idee ist zwar gut, lieber Weihnachtsengel, aber woher nehme ich nur so viele Geschichten?

So viele kenne ich gar nicht."

Ja, woher Geschichten nehmen? Auch der Weihnachtsengel wusste keinen Rat. Wie die beiden nun so auf der Wolke saßen und überlegten, da blinkten auf einmal die Sterne zu ihnen herüber.

„Keine Sorge, Nikolaus", riefen sie dem Alten zu, „keine Sorge, wir werden für dich Geschichten suchen."

Verwundert schaute der Nikolaus in den Sternenhimmel: „Ihr wollt für mich Geschichten suchen? Wie soll denn das zugehen?

Wo wollt ihr diese Geschichten finden?"

„Ganz einfach", glitzerten die Sterne, „wir lassen sie uns erzählen."

„Von wem lasst ihr euch Geschichten erzählen?" wollte der Nikolaus wissen.

Die Sterne leuchteten und funkelten und lachten dabei: „O Nikolaus, wir erfahren jede Nacht eine Menge Geschichten. Wenn der Himmel dunkel ist und die Menschen im Schlaf liegen, dann erzählt uns die Erde, was sie am vergangenen Tag erlebt hat.

Auch der Mond weiß viele Geschichten. Er hat sie von der Traumfee, die bei ihm wohnt. Und die Sonne erst, sie hat uns schon so manches zugeflüstert. Am Abend, wenn sie golden und rot untergeht, dann sind ihre Strahlen meist besonders gesprächig. Also Geschichten vom Nikolaustag bis zum Heiligen Abend, die könnten wir für dich leicht zusammentragen, wenn du willst."

„Na, dann macht mal schön", freute sich der Nikolaus, „Geschichten, die ihr Sterne gesammelt habt, die werden den Kindern sicherlich besonders gefallen."

Da schickten die Sterne ihre Strahlen geschwind auf die Erde hinunter. Die lauschten auf das Flüstern und Raunen, das aus den Wiesen und Wäldern, den Bächen und Seen kam, und sie wanderten weiter, immer weiter.

Und wo sie eine Geschichte fanden, merkten sie sich diese gut und nahmen sie mit hinauf in den Himmel.

Während dieser Zeit saß der Nikolaus auf seiner Wolke und wartete. Er wartete die ganze Nacht und auch die Tage danach. Und er überlegte: „Ob die Sterne das wohl schaffen? Ob sie so viele Geschichten für mich und für die Kinder finden können?"

Vorschlag: Ein Schokoladen-Nikolaus

Bitte an den Nikolaus
(Zum Aufsagen)

Wo bleibt er nur, der Nikolaus?
Er ist nicht drin und ist nicht draus,
er ist nicht da und ist nicht dort.
Ist er vielleicht schon wieder fort?

Stapft er noch durch den dunklen Wald?
O Nikolaus, so komme bald,
ich warte schon so lang auf dich.
Denkst du denn gar nicht mehr an mich?

Meist bin ich doch ein artig Kind.
O Nikolaus, so komm' geschwind.
Wohnst du da droben in den Wolken?
Komm, Nikolaus, ich will ja folgen.

6. Dezember

Sternschnuppen-Geschichten

Ein paar Tage musste der Nikolaus schon warten, bis die Sterne genügend Geschichten gesammelt hatten. Endlich war es so weit. In der Nacht vor dem 6. Dezember riefen sie ihm zu: „Mach' deinen Sack auf, Nikolaus, damit wir dir die Geschichten hineinwerfen können."

„Wie denn, was denn, wie wollt ihr mir die Geschichten in den Sack werfen?" fragte der Alte. „Das geht doch gar nicht. Wie wollt ihr das machen?"

Die Sterne lachten: „Wir fliegen selbst zu dir in den Sack hinein."

„Halt, halt", erschrak der Nikolaus, „dafür seid ihr doch viel zu groß. Ihr passt nicht in meinen Sack. Und ich könnte euch auch gar nicht schleppen, euch mächtige Sterne. Nein, so war das nicht ausgemacht."

Die Sterne jedoch glitzerten vergnüglich zu ihm hinüber und hinunter: „Wir werden uns verwandeln, Nikolaus, verwandeln in ganz kleine Sternschnuppen-Sternchen. Extra für dich und für die Kinder werden wir uns verwandeln. Wir haben das untereinander so ausgemacht".

Der Nikolaus staunte: „Ja, wollt ihr denn keine großen Sterne mehr sein, die oben am Himmel leuchten? Wollt ihr euer großes Himmelslicht aufgeben?"

„Aber nein", funkelten die Sterne, „nur über die Adventszeit bleiben wir so klein. Am Heiligen Abend fliegen wir wieder in den Himmel hinauf und leuchten dort größer und heller als zuvor. Aber gleich werden wir so klein sein, dass wir in deinen Sack passen."

„Sternschnuppen in meinem Sack…" Der Nikolaus schüttelte den Kopf: „So etwas habe ich auch noch nicht herumgeschleppt! Sternschnuppen in meinem Sack. Verzauberte Sterne soll ich den Kindern bringen, Sternschnuppen. Na, so was! Aber wo sind denn da die Geschichten?"

„Das ist unser Geheimnis", strahlten die Sterne, „jeder von uns trägt in sich eine Geschichte. Und wir werden sie dir und den Kindern zu gegebener Zeit erzählen. Du darfst dir jeden Tag eine Sternschnuppen-Geschichte aussuchen."

„Ja habt ihr denn genügend Geschichten gefunden?" fragte der Nikolaus. „Mehr als du brauchen kannst", antworteten die Sterne. „Und ich darf sie mir aussuchen?" „Darfst du, aber wir helfen dir dabei. Doch nun mach' endlich deinen Sack auf, damit wir hineinfallen können."

Der Nikolaus war sich noch nicht ganz sicher, ob die Sache überhaupt klappen würde. Er trödelte noch ein wenig herum. Erst als die Sterne ungeduldig wurden, öffnete er seinen Sack. Er öffnete ihn ganz weit. Kurz darauf geschah etwas Wunderbares: Die Sterne um ihn herum wurden auf einmal winzig klein. Sie glitzerten, blitzten und tanzten durch die Nacht. Schließlich purzelten sie wie Sternschnuppen, einer nach dem anderen, in den Sack des Nikolaus.

Fassungslos schaute der Alte hinein. „So etwa Schönes hab' ich noch nie in meinem Sack gehabt. Ich danke euch, ihr Sterne, bin gespannt, was ihr mir zu erzählen habt." Dann schnürte er vorsichtig den Sack zu und ließ sich auf die Erde hinuntergleiten. Dabei sang er fröhlich: „Dieses Jahr, ihr Kinder, gibt's STERNSCHNUPPEN VOM NIKOLAUS."

Dieses Erlebnis mit den Sternschnuppen hat der Nikolaus dann am gleichen Abend, eben dem Nikolaustag, den Kindern gebracht als erste Geschichte. Noch war der Sack zu. „Morgen, Kinder, werde ich ihn öffnen", sagte der Nikolaus, „und dann sind wir gespannt auf die Geschichten, die uns die Sterne erzählen."

Vorschlag: Ein paar Goldsternchen (wer möchte, kann auch noch ein Säckchen für diese Sterne nähen).

7. Dezember

Als der Nikolaus am 7. Dezember seinen Sack öffnete, fand er ganz oben ein Sternchen, das besonders hell leuchtete. „Nimm mich heraus", flüsterte dieses Sternchen, „nimm mich heraus, und schenke meine Geschichte gleich heute den Kindern. Es ist eine Schutzengel-Geschichte. Und die Kinder sollen doch zuerst einmal erfahren, dass sie einen Schutzengel haben". „Das wissen die Kinder längst", meinte der Nikolaus, „aber trotzdem nehme ich deine Geschichte heute dran". Das Sternchen freute sich. Und dann erzählte es folgende Geschichte:

Ein Federchen vom Schutzengel

Hoch droben am Himmel, weit, weit hinter den Wolken, die wir sehen können, wohnen die Engel. Manchmal, wenn die Sonne untergeht, fliegen sie zwischen den Farben des Abendrotes hin und her und schauen auf die Erde hinunter. Das tat auch der kleine Zölestin, ein noch sehr junger Engel mit kurzen Flügelchen. Er träumte davon, einmal auf die Erde fliegen zu dürfen. Am liebsten wäre er ein Schutzengel geworden, so ein Engel, der aufpasst, dass den Menschenkindern nichts Böses geschieht. Zölestin sagte das dem Himmelswächter Petrus. Der aber schüttelte nur den Kopf: „Dafür bist du noch ein wenig zu klein und deine Flügelchen sind noch zu kurz. Warte ein wenig, bis sie gewachsen sind."

Doch Zölestin war kein sehr geduldiger Engel. Warten? Das dauerte ihm einfach zu lange. Und darum ging er eines Tages zur Sonne und sagte: „Kannst du mir nicht ein wenig von deiner Wärme geben, damit meine Flügel schneller wachsen?"

Da schenkte ihm die Sonne viele warme Strahlen. Und tatsächlich, die Flügel wurden von der Sonnenwärme ein Stückchen länger.

Voll Stolz zeigte das der kleine Zölestin dem Petrus und fragte: „Darf ich jetzt auf die Erde?" Der Himmelswächter zupfte dem Engel an den Flügeln herum und meinte: „Die sind immer noch zu kurz."

Aber Zölestin gab nicht auf. Jetzt ging er zum Mond und bat ihn: „Kannst du mir nicht auch etwas geben, damit meine Flügel schneller wachsen?" Da schenkte ihm der Mond silberne Traumstrahlen. Und tatsächlich, die Flügel wurden von den Traumstrahlen wieder ein Stück länger. Voll Freude zeigte dies der Zölestin dem Petrus und fragte noch einmal: „Darf ich jetzt auf die Erde?" Petrus schaute sich die Flügel genau an. „Gut, gut so, mein Kleiner", lobte er, „aber für einen Erdenflug sind sie immer noch zu kurz."

Das machte den Engel Zölestin sehr traurig. Er setzte sich auf einen Stern und weinte bitterlich. Auf einmal war er umringt von vielen anderen Sternen. Die tanzten um ihn herum und riefen: „Du darfst nicht traurig sein, wenn du auf die Erde willst. Du sollst den Menschen Freude bringen. Deshalb schenken wir dir jetzt sternenglitzernde Fröhlichkeit." Während die Sterne tanzten und tanzten und dem Zölestin leuchtende Fröhlichkeit schenkten, wurden die Flügel des Engels wieder ein Stück länger. Ob das wohl jetzt reichte?

Etwas ängstlich wanderte Zölestin zu Petrus und fragte ein drittesmal: „Darf ich nun zur Erde fliegen?" Der alte Himmelswächter wiegte den Kopf hin und her: „Na ja, die Sonne hat dir Wärme geschenkt, der Mond silberne Traumstrahlen, und die Sterne haben dir glitzernde Fröhlichkeit gebracht. Deine Flügel sind schon recht schön lang. Wenn ich dir jetzt noch ein himmlisches Licht mitgebe, dann könntest du wohl ein rechter Schutzengel werden."

Ach, was freute sich da der Zölestin. „Und wann, wann darf ich auf die Erde?" wollte er wissen. Petrus schmunzelte: „Soeben ist da unten ein Kind geboren worden. Eine kleine Julia kam auf die Welt. Du sollst ihr Schutzengel werden. Hier nimm das himmlische Licht und beeile dich."

Das ließ sich Zölestin nicht zweimal sagen. Er griff nach dem Licht und rutschte auf einem Mondstrahl geradewegs zu dem Bettchen, in dem das neugeborene Kind lag.

Ja, und so ist der Engel Zölestin zu der Julia gekommen. Er hielt ihr das Händchen, als sie noch ganz klein war und schrie, und er tröstete sie, wenn sie Bauchweh hatte oder zahnte.

Inzwischen ist Julia gewachsen und ihr Schutzengel ebenfalls. Noch immer passt er auf das kleine Mädchen auf. Er wird es auch nie verlassen. Am Tage umhüllt er es mit den wärmenden Strahlen der Sonne, und in der Nacht leitet er silberne Mondenträume in den Schlaf des Kindes. Wenn Julia einmal traurig ist, dann holt er die Fröhlichkeit der Sternenwelt für sie vom Himmel herunter. Vor allem aber lässt er das schützende himmlische Licht über ihr nie ausgehen.

Der Engel Zölestin liebt seine Julia sehr, wie das alle Schutzengel tun. Er bedauert nur, dass Julia, seit sie größer geworden ist, ihn nicht mehr sehen kann. Aber das geht wohl auch den anderen Schutzengeln so. Doch Zölestin hat sich wieder einmal etwas Besonderes ausgedacht. Ab und zu rupft er ein Federchen aus einem seiner Flügel und legt es aufs Kinderbett. Wenn dann die Mutter am anderen Morgen das Federchen findet und sagt: „Sieh mal, Julia, das ist sicher von deinem Schutzengel", dann freut sich Zölestin natürlich sehr.

Ob das die anderen Schutzengel manchmal auch so machen? Nun ja, wenn da irgendwo bei uns mal ein Federchen herumfliegt, dann ist das sicherlich entweder von einem Vogel oder von einem Engel.

Vorschlag: Ein Federchen

14

8. Dezember

„Wer will mir heute etwas erzählen?" fragte der Nikolaus am 8. Dezember in seinen Sack hinein. Ein Sternchen blitzte auf: „Weißt du, was Christrosen sind?" „Natürlich kenne ich Christrosen", antwortete der Nikolaus, „ich verteile sie oft in der Adventszeit." „Aber weißt du auch, dass die Christrosen eigentlich Nieswurz heißen?" Der Nikolaus wusste es nicht. „Dann erzähle ich dir jetzt, wie die kleine Nieswurzpflanze zur Christrose wurde", sagte das Sternchen und ließ folgende Geschichte aus dem Sack heraus erklingen:

Nieswurz

Etwas traurig hockte das Nieswurzblümchen in seiner Wurzel unter der Erde und schmollte: „Warum dürfen wir Blumen im Winter nicht aus der Erde? Ich möchte so gerne einmal im Dezember blühen für das Christkind, wenn es Geburtstag hat." Das Schneeglöckchen neben ihm schüttelte die noch verschlossene Blüte: „Wie stellst du dir das eigentlich vor, Nieswurz? Droben über der Erde ist es jetzt kalt, und Kälte tut uns Blumen weh. Ich habe Kälte schon erlebt im Frühjahr, im Winter soll sie noch viel schlimmer sein. Bleib du besser hier unten."

Doch das konnte Nieswurz nicht einsehen: „Du gehst doch auch hinauf. Manchmal sogar, wenn es noch Schnee hat."

„Das ist etwas anderes", meinte das Schneeglöckchen. „Erstens schlüpfe ich viel später aus der Erde, nicht mitten im Winter, zweitens bin ich es gewöhnt, in der Kälte zu wachsen, und drittens muss ich den Frühling einläuten. Das ist meine Aufgabe."

„Ich möchte auch eine Aufgabe haben", sagte das Nieswurzblümchen, „ich möchte dem Christkind einen Blütengruß schicken,
einen Blütengruß von uns allen. Wäre das nichts?"

Schweigend hatte die schon fast schlafende Mutter Erde diesem
Gespräch zugehört. Jetzt ließ sie aus der Tiefe ihre Stimme erklingen: „Das ist ein guter Gedanke, Nieswürzelchen. Nur glaube ich,
dass du etwas zu schwach dafür bist. Bleib lieber hier."

Aber das Blümchen bettelte und bettelte: „Ach, liebe Mutter Erde,
lass mich doch hinauf, lass mich dem Christkind einen Blütengruß
schicken. Ich fürchte mich nicht vor der Kälte, ich schaffe das
schon."

Da wurde die alte Mutter Erde weich, ganz weich: „Nun, wenn dir
das so wichtig ist, dann hast du auch die Kraft dazu."

Sie ließ das Nieswürzelchen hinaufsteigen und gab ihm sogar noch
ein wenig Erdenwärme mit auf den Weg.

Das Blümchen freute sich. Es wuchs und wuchs, und eines Tages,
mitten in der Adventszeit, schaute es tatsächlich aus der Erde heraus. Doch welche Enttäuschung! Droben war alles ganz anders,
als es sich Nieswurz vorgestellt hatte: kein Gras, kahle Bäume, keine Bienen und Schmetterlinge und der Himmel düster und trübe.

Aber darum wollte sich das mutige Blümchen jetzt nicht küm-
mern. Es wollte blühen, dem Christkind eine Blüte schenken. Vorsichtig öffnete es sein weißes Kleid, Puh, kam da auf einmal eine
Kälte in die Blüte herein. Das Nieswurzblümchen fror. Doch es
dachte an seine Aufgabe und streckte tapfer weiter seine Blätter
in die Winterluft.

Als dann die Nacht hereinbrach, wurde es noch kälter. Am Himmel
leuchteten jetzt unzählige Sterne. Nieswürzelchen betrachtete sie
staunend. Waren das wohl auch Blumen? Himmelsblumen? Sie
strahlten so hell, so tröstend…

Die Sterne waren dann auch die ersten, die Nieswürzelchen entdeckten. „Seht nur, ein Blümchen ist da aus der Erde gekrochen", riefen sie einander zu, „ein Blümchen, weiß wie der Schnee, und mit einer goldgelben Blütenkrone". Husch, schickten sie einige Strahlen zu der kleinen Pflanze hinunter und fragten: „Was tust du denn hier mitten im kalten Winter?"

„Ich blühe für das Christkind, das bald Geburtstag hat", sagte das Nieswurzblümchen stolz.

„Und wie heißt du?" fragten die Sterne.

„Nieswurz", antwortete das Blümchen.

„Aber nein, das ist kein richtiger Name für dich", meinten die Sterne. Sie tuschelten ein Weilchen miteinander. Schließlich flüsterten sie dem Blümchen zu: „Wenn du in der Adventszeit für das Christkind blühst und das noch bei dieser Kälte, dann bist du kein Nieswurz, sondern eine Christrose."

„Eine Christrose?" wunderte sich die Blume, „aber die Menschen nennen mich Nieswurz."

„Das wird sich bald ändern", strahlten die Sterne, „und damit die Menschen merken, dass du etwas Besonderes bist, bekommst du von uns jetzt noch ein wenig Leuchtkraft für deine Blüte. Du musst sie nur auffangen, diese Leuchtkraft."

Da breitete die Blume ihre Blütenblätter weit aus und streckte sie den Sternen entgegen. Die aber gaben Leuchtkräfte des Himmels in die Blüte hinein, so dass sie nun aus sich heraus leuchtete.

Was die kleine tapfere Blume nicht wusste, sie war nicht irgendwo, sondern im Beet eines Gärtners aus der Erde geschlüpft, eines Gärtners, der noch in die Natur hineinhorchen und mit seinen Pflanzen sprechen konnte. Wer aber so etwas kann, der hört auch manchmal die Sterne flüstern.

Als nun der Gärtner am anderen Morgen in seinen Garten kam und die leuchtend weiße Blume sah, da wollte er gerade sagen: „Ach, ist das ein schönes Nieswürzelchen" – aber er konnte es nicht, denn heimlich und unbemerkt hatten sich die Sterne in seine Gedanken eingeschlichen. Und so rief er freudig aus: „Das ist ja eine Christrose, eine richtige Christrose!"

Wie freute sich da die kleine Blume. Sie fror plötzlich auch nicht mehr. Fröhlich leuchtend blühte sie in die Adventszeit hinein. Der Gärtner aber grub sie vorsichtig aus und bat die Mutter Erde, ihm noch mehr Christrosen zu schicken. Ja, und so ist aus einem kleinen, tapferen Nieswurzblümchen eine Christrose geworden.

Seit dieser Zeit kommen jedes Jahr im Advent viele, viele Christrosen aus der Erde heraus. Sie blühen zum Geburtstag des Christkindes, und sie bringen den Menschen leuchtende Weihnachtsgrüße der noch schlafenden Pflanzenwelt.

Vorschlag: Wir kaufen eine Christrose oder wir malen eine Christrose nach dem Bild in diesem Buch.

Christrosen
(zum Aufsagen)

Gar heimlich still zur Winterzeit
erblühn in weißem Festtagskleid
mit gold'nen Pünktchen auf dem Haar
Christrosen uns in jedem Jahr.
Wohl spüren sie die Kälte kaum.
Sie sind der Erde Weihnachtstraum.

„Lasst und froh und munter sein…" klang es heute aus dem Sack des Nikolaus. Überrascht horchte der Alte hinein: „Nanu, was ist denn das? Fangen meine Sternschnuppen jetzt auch noch zu singen an?" Vorsichtig öffnete er seinen Sack. Da hüpfte ihm auch schon das singende Sternchen entgegen. „Ich habe eine Geschichte von den Weihnachtslieder-Engeln", summte es, „und die haben mir gesagt, du solltest diese Geschichte den Kindern möglichst bald bringen." „Hm", machte der Nikolaus, „wenn die Weihnachtslieder-Engel das meinen, dann fang mal gleich an." Da erzählte das Sternchen diese Geschichte.

Das Weihnachtsliederbuch

„Heute wollen wir zusammen Weihnachtslieder singen", sagte die Großmutter zu Claudia und Jörg. Sie holte das Liederbuch aus dem Bücherschrank und klappte es auf. Aber, o weh, was sah sie da: lauter leere Seiten. „Wo sind denn die Weihnachtslieder geblieben?" fragte sie erschrocken. Auch die Kinder wunderten sich. Kein einziges Lied fanden sie. Doch plötzlich kroch ein winzigkleines Männchen aus dem Buch heraus. Es war ganz schwarz, hatte dünne Beinchen und eine lange Zipfelmütze, und es sah aus, wie eine große Achtelnote.

Das Männchen hüpfte auf dem Buch herum und seufzte: „Ach ja, ich bin als einzige übriggeblieben, eine heruntergefallene Note. Die anderen sind alle davongeflogen."

Claudia hielt dem Männchen ihren Finger hin, damit es darauf sitzen konnte und fragte: „Wer sind die anderen?"

Wieder seufzte das Männchen: „Die anderen, ach, das sind die Noten aus diesem Liederbuch. Sie wollten nicht da drinnen bleiben, weil sie niemand singt."

Jetzt mischte sich Jörg ein: „Weihnachtslieder kann man nicht im Sommer singen".

„Da hast du schon recht", sagte das Notenmännchen, „aber vielleicht hättet ihr etwas früher anfangen müssen mit dem Singen von Weihnachtsliedern."

Großmutter kam die ganze Sache seltsam vor: „Wo stecken denn die Weihnachtslieder jetzt? Wo sind sie hingeflogen?"

Das Notenmännchen schaute sie an und schüttelte den Kopf: „Was! Das weißt du nicht? In den Himmel sind sie geflogen, in den Himmel natürlich, wie jede Musik. Die Musik fliegt stets in den Himmel hinauf. Das solltet ihr Menschen eigentlich wissen."

Großmutter nickte: „Ja, du hast recht, das hätte ich wissen müssen. Aber was machen wir jetzt?"

Das Notenmännchen kicherte: „Wir fliegen in den Himmel hinauf und holen die Weihnachtslieder herunter."

Claudia klatschte in die Hände: „Das ist ja eine tolle Sache, wir fliegen in den Himmel. Doch sag' mal, Notenmännchen, wie fliegen wir in den Himmel und mit was?"

In diesem Augenblick klopften einige Schneeflocken ans Fenster, und sie riefen: „Wir können euch ein Stück weit tragen, aber nur wenn ihr uns unser Lied singt, das Lied vom Weißröckchen, das ja auch in euer Weihnachtsliederbuch gehört."

Schnell öffnete Großmutter das Fenster. Dann stimmte sie an. Und Claudia, Jörg und das Notenmännchen sangen mit:

„Schneeflöckchen, Weißröckchen,
da kommst du geschneit,
du kommst aus der Wolke,
dein Weg ist so weit.

Komm, setz' dich ans Fenster,
du lieblicher Stern,
malst Blumen und Blätter,
wir haben dich gern."

Jetzt bildeten die Schneeflocken eine große, weiße Wolke. Großmutter, Claudia, Jörg und das Notenmännchen stiegen hinein. Und dann schwebten sie mit der Wolke hinaus in die Winternacht.

(Hier können die Kinder ein Musikstück spielen oder das Lied „Leise rieselt der Schnee" summen)

Als die weiße Wolke über einen Wald flog, wurde sie auf einmal von einem großen Baum mit kleinen grünen Nadeln festgehalten. Sie wollte sich losreißen, aber das gelang ihr nicht. Der Baum jedoch lachte: „Ich lasse dich gleich frei, aber zuerst müssen mir die vier, die da auf dir sitzen, mein Lied singen. Das ließen sich die Kinder nicht zwei Mal sagen. Und vergnügt sangen sie:

„O Tannenbaum, o Tannenbaum,
wie treu sind deine Blätter!
Du grünst nicht nur zur Sommerszeit,
nein, auch im Winter, wenn es schneit."

„Danke", sagte der Tannenbaum und gab die weiße Wolke frei. Die aber flog jetzt immer weiter in den Himmel hinauf.

(Auch hier bietet sich eine Möglichkeit, Musikstücke einzuflechten)

Schließlich waren sie oben bei den Sternen. Die weiße Wolke plusterte sich auf und summte: „Weiter kann ich euch nicht tragen. Ich muss gleich wieder als Schnee auf die Erde hinunter."

Großmutter war ratlos: „Was nun? Sollen wir etwa mit zurück?"

Aber da kam auch schon ein Sternchen herangeschwebt und sagte: „Kommt zu mir. Ich trage euch weiter."

Schnell stiegen die vier um. Und während sie mit dem glitzernden Sternchen über den Himmel flogen, fingen auf einmal all die anderen Sterne zu singen an:
(Vorschlag: „Freu dich Erd und Sternenzelt", wo nicht bekannt: „Weißt du, wieviel Sternlein stehen")

Endlich kamen sie zur Himmelspforte. Das Notenmännchen sprang vom Stern herunter und pochte an das große Tor. Petrus, der alte Himmelspförtner, öffnete. Erstaunt fragte er: „Was wollt ihr denn hier?"

„Wir suchen unsere Weihnachtslieder", sagte Jörg.

Ach, da musste der Petrus herzlich lachen: „Weihnachtslieder sucht ihr? Der ganze Himmel ist jetzt voll von Weihnachtsliedern." Großmutter zeigte dem Himmelspförtner das leere Liederbuch. Der wiegte den Kopf bedenklich hin und her: „Ach, so ist das. Jetzt soll ich euch wohl das Liederbuch wieder füllen?"

Claudia nickte ihm freundlich zu: „O ja, bitte. Wir möchten doch wieder Weihnachtslieder singen."

„Das sollt ihr auch. Kommt mit." Petrus führte die Großmutter, Claudia, Jörg und das Notenmännchen durch das Himmelstor zu den Weihnachtslieder-Engeln. Die standen in einem hell erleuchteten Raum und sangen und musizierten, daß es eine Freude war.

(Hier können Weihnachtslieder nach Wahl und Können eingeflochten werden)

„So", sagte der Petrus, „nun öffnet euer Buch, dann können die Weihnachtslieder wieder hineinfliegen."

Schnell öffnete Großmutter das Buch. Und immer, wenn die Engel ein Weihnachtslied gesungen hatten, blätterte sie weiter und ließ das nächste Lied ins Buch huschen. Die Engel aber flüsterten den Kindern zu: „Ihr könnt ruhig auch mitsingen". Das taten Claudia und Jörg dann auch.

(An dieser Stelle sind eines oder mehrere Weihnachtslieder möglich)

Nun war das Buch schon fast voll, da kam der Nikolaus angetrappst und rief: „Halt, halt, von mir muß auch noch ein Lied in das Buch hinein: Könnt ihr eines?"

Gleich meldete sich Jörg: „Ich kenne zwei ‚Laßt uns froh und munter sein' und ‚Morgen kommt der Weihnachtsmann'. Der Weihnachtsmann, das bist du doch auch?"

Der Nikolaus freute sich: „Ja, der Weihnachtsmann, das bin ich auch. Ihr könnt beide Lieder in das Buch hineinsingen. Wie wär's, wenn das mal die Kinder alleine machten?"

Da sangen Claudia und Jörg. Doch manchmal summte auch ein Weihnachtslieder-Engel mit. *(Nikolauslied)*

Ach, was war das schön hier oben im Himmel bei den Engeln. Claudia und Jörg mussten sich immer wieder umsehen. Überall glitzerte, flimmerte und leuchtete es. Und es duftete wunderbar nach, ja nach was eigentlich? Nach Himmel vielleicht… Die Kinder staunten über all das Schöne um sie herum. Auf einmal stand der Petrus vor ihnen und sagte: „So, jetzt ist's aber genug. Ich will die Himmelspforte schließen. Und ihr solltet schnellstens wieder auf die Erde hinunter, bevor diese Traumnacht vorbei ist."

Claudia wollte den Petrus noch etwas fragen, aber der war schon wieder weg. Und plötzlich, Großmutter, Claudia und Jörg konnten es selbst nicht fassen, plötzlich saßen sie wieder zu Hause an ihrem Tisch, auf dem nun das Liederbuch lag mit all den Weihnachtsliedern, die sie im Himmel gesammelt hatten. Aber wo war nur das Notenmännchen geblieben? Horch! Kam da nicht ein

Flüstern aus dem Buch, ganz leise, aber deutlich: „Ich bin hier als Note, irgendwo zwischen den Seiten. Ihr könnt mich ja gleich mal suchen."

Großmutter fand diese Idee nicht so gut: „Morgen, liebes Notenmännchen, morgen suchen wir dich, aber jetzt müssen Claudia und Jörg endlich schlafen." Sie klappte das Buch zu und schickte die Kinder ins Bett: „Und ab morgen singen wir jeden Tag ein Weihnachtslied, damit uns diese Lieder nicht mehr davonfliegen."

In dieser Nacht träumten dann Claudia und Jörg noch einmal etwas ganz Lustiges: Das Notenmännchen schlüpfte wieder aus dem Buch und holte lauter Töne heraus. „Sucht mich morgen. Vielleicht findet ihr mich", flüsterte es den Kindern zu.

Ob die beiden es später wohl einmal gefunden haben zwischen all den vielen Noten und Liedern im Weihnachtsliederbuch?

Vorschlag: Ein Notenblatt, ein Liederbuch oder ein singendes Engelchen. Dazu: gemeinsames Weihnachtslieder-Singen.

Diese Geschichte eignet sich auch gut für Aufführungen, sei es in der Schule, in Musik- oder Kindergruppen. Dabei kann der Text entweder von einer Person vorgelesen oder in verteilten Rollen gesprochen werden. Dazwischen können nach Belieben Musikstücke und Weihnachtslieder eingesetzt und arrangiert werden.

10. Dezember

Wieder blitzte im Sack des Nikolaus ein Sternchen auf: „In meiner Geschichte ist auch noch ein Lied für das Weihnachtsliederbuch der Kinder, das ihr gestern gefüllt habt. Ich bringe euch die Geschichte von der Weihnachtsnachtigall. Die Vögel im Wald haben sie mir erzählt." Da holte der Nikolaus das Sternchen und seine Sternschnuppen-Geschichte aus dem Sack. Sie hieß:

Die Weihnachtsnachtigall

Es geschah zu der Zeit, als im Stall von Bethlehem das Jesuskind geboren wurde, da lebte bei den Hirten auf dem Feld ein Hirtenbub, der hieß Joram. Joram war ein besonderer Junge. Er sprach nicht nur mit dem Hütehund und den Schäfchen, sondern auch mit den Vögeln und den anderen Tieren des Waldes. Die Hirten lachten deshalb manchmal über ihn, aber Joram ließ sich nicht drausbringen. „Die Tiere sind unsere Brüder und Schwestern", sagte er, „warum soll ich nicht mit ihnen reden?" Wie recht er hatte, das sollte sich bald zeigen.

Als den Hirten dann der Engel erschienen war und sie sich auf den Weg nach Bethlehem machten, da trottete Joram langsam hinter ihnen her. Plötzlich hörte er ein Jammern und Klagen. Er blieb stehen und schaute sich um. Und da sah er im Gebüsch einen kleinen Vogel liegen. Es war eine Nachtigall. Sie hatte ihre Flügel gebrochen und kam nicht mehr hoch. Joram nahm sie in die Hand und streichelte ihr Gefieder: „Arme kleine Nachtigall. Ich kann dir auch nicht helfen".

„Schon dass du da bist, tut gut", piepste die Nachtigall, „ich weiß auch, dass ich sterben muss. Aber ich habe noch eine große Bitte an dich."

„Wenn ich sie dir erfüllen kann, gerne", versprach Joram.

Die Nachtigall bewegte das Köpfchen wohlig in der warmen Hand des Jungen. Dann hauchte sie leise: „Nimm mich bitte mit nach Bethlehem. Die anderen Vögel sind schon dorthin geflogen, um dem Kindlein ihre Lieder zu bringen. Ich möchte nicht sterben, ohne ihm auch mein Lied geschenkt zu haben."

„Das kann ich verstehen", sagte Joram. Er barg die kleine Nachtigall in seinen Händen und wanderte mit ihr weiter durch die Nacht. Unzählige Sterne standen am Himmel. Einer davon glänzte besonders hell, als wolle er ihnen den Weg weisen.

Schließlich kamen sie zum Stall von Bethlehem. Dort herrschte ein Singen und Jubilieren. Hirtenflöten und Vogelstimmen mischten sich unter das Halleluja der Engel. Freudig brachten die Hirten dort ihre Gaben: warme Wolle, Milch und Käse. Joram hatte nichts, das er geben konnte. Aber er lief – er wusste selbst nicht, woher er den Mut nahm – einfach auf den Stall zu und legte die kranke Nachtigall vor die Krippe.

Und da…, da geschah auf einmal etwas Wunderbares: ein Leuchten ging von dem Kind aus, strahlte hell zur Nachtigall hinüber. Die aber bewegte plötzlich ihre Flügel, einen nach dem anderen. Sie hob und senkte sie, als ob sie nie gebrochen gewesen wären. Und dann flog die Nachtigall in die Höhe. Sie schwebte über der Krippe und sang so schön, wie sie nie zuvor gesungen hatte. Aller Schmerz der vergangenen Stunden und all die Freude über ihre Heilung legte sie in das Lied hinein. Schluchzende und jubilierende Töne kamen aus ihrer kleinen Kehle.

Schweigend hörten die anderen Vögel zu. Auch die Hirten standen staunend über das Wunder, das sie soeben erlebt hatten. Joram aber war glücklich über seine Weihnachtsnachtigall. Er griff zur Flöte und spielte eine kleine Melodie. Und dann sang er mit seiner klaren Stimme in die wundersame Nacht hinein:

„Lieb Nachtigall, wach auf,
wach auf, du schönes Vögelein
auf jenem grünen Zweigelein,
wach hurtig auf, wach auf!
Dem Kindelein,
auserkoren,
heut' geboren,
fast erfroren,
sing, sing, sing
dem zarten Kindelein."

Vorschlag: Ein kleiner Vogel (Christbaum-Schmuck)

Das Weihnachtslicht
(zum Aufsagen)

Seht her, ich bin ein Weihnachtslicht.
Ein helles Leuchten zu euch spricht,
ein Kerzenschein von eurem Baum.
Mit Freud' durchdring' ich jeden Raum,
wenn ich mein Feuer still entzünde,
weil ich von Gottes Liebe künde.
Seht her, ich bin ein Weihnachtslicht!
Laßt mich noch brennen, löscht mich nicht!

11. Dezember

„Jetzt darf ich mir aber auch einmal selbst eine Sternengeschichte heraussuchen", sagte der Nikolaus, als er am anderen Tag seinen Sack öffnete. „O bitte, wir sind alle bereit", riefen die Sternchen, „wir alle haben eine Geschichte für dich und die Kinder". Da griff der Nikolaus ganz tief in den Sack hinein und holte mit einem glitzernden Sternchen folgende Geschichte heraus:

Eine goldene Nuss

Auf dem Schrank in Nicos Zimmer stand ein Nussknacker. Lustig sah er aus mit seinem roten Wams und seiner schwarzen Mütze. Nico hatte ihn von seinem Großvater zum Geburtstag bekommen und wollte jetzt ausprobieren, ob der hölzerne Kerl auch tatsächlich Nüsse knacken konnte. Er holte ihn vom Schrank herunter und stellte ihn neben einen Teller mit Nüssen. Dann nahm er eine Nuss, steckte sie dem Nussknacker zwischen die Zähne und drückte den Hebel herunter: „Knack!" Tatsächlich, die Nuss war zerplatzt.

Auch die zweite und dritte Nuss zerbiss der hölzerne Gesell ohne Schwierigkeiten. Doch bei der vierten wollte er nicht mehr. „Die ist mir zu hart. Nimm eine andere", sagte er zu dem Jungen. Das tat Nico dann auch. Er kramte in dem Teller und suchte immer wieder Nüsse, von denen er meinte, dass sie nicht zu hart seien. Da plötzlich entdeckte er eine goldene Nuss. Vorsichtig nahm er sie aus dem Teller heraus: „Nanu, wer hat denn dich dazwischen gelegt?" wunderte sich der Junge. Zum Nussknacker aber sagte er: „Die bekommst du nicht."

In diesem Augenblick rief die Mutter. Sie war gerade beim Plätzchen backen, und Nico freute sich aufs Teigschlecken. Deshalb ließ er die Nüsse und den Nussknacker einfach stehen und rannte in die Küche. Der Nussknacker schaute ihm verärgert nach: „Warum bekomme ich dieses goldene Ding da nicht? Gerade das hätte mich interessiert."

Die Nüsse auf dem Teller kicherten: „Weil das eine Weihnachtsnuss ist, und die darf kein Nussknacker knacken." „Wieso ist das eine Weihnachtsnuss?" wollte der Nussknacker wissen.

„Weil sie in sich ein Geheimnis trägt."

„Was für ein Geheimnis?"

„Das verraten wir dir nicht."

Eine dicke braune Nuss tat sich besonders hervor: „Im Grunde tragen wir Nüsse ja alle ein Geheimnis in uns, weißt du."

„Pah", machte der Nussknacker und klappte seinen breiten Mund auf und zu, „pah, davon habe ich noch nichts gemerkt."

Die dicke Nuss lachte: „Das ist wieder mal typisch: du knackst ein Geheimnis auf und verstehst es nicht einmal. Du bist ja schon fast wie die Menschen."

Das ärgerte den Nussknacker nun wieder: „Wieso? Wieso knacke ich ein Geheimnis auf? Die Nusskerne sind doch kein Geheimnis. Oder?"

„Und ob die ein Geheimnis sind", rief die dicke Nuss, „in unseren Kernen steckt das Geheimnis des Lebens."

„Versteh' ich nicht", gestand der Nussknacker, „erkläre mir das doch einmal näher."

Nun, wie kann man einem Nussknacker das Geheimnis des Lebens erklären. Die dicke Nuss wälzte sich auf dem Teller hin und her, fragte die anderen, schließlich sagte sie: „Also pass auf, Nussknacker. Wenn man dich in die Erde steckt, was passiert dann?"

„Mich steckt niemand in die Erde. Wozu auch?"

„Ich sag' ja auch nur, wenn es jemand tun würde. Was dann?"

Verlegen klapperte der Nussknacker mit seinen Zähnen: „Das, das weiß ich auch nicht. Wahrscheinlich würde ich in der nassen Erde meine Farbe verlieren. Vielleicht würde sich der Leim auflösen. Aber mich steckt niemand in die Erde. Oder?"

„Nein, das tut bestimmt niemand", bestätigte die Nuss, „ich will dir auch nur das Geheimnis des Lebens erklären. Wenn man nämlich uns Nüsse in die Erde steckt, dann wachsen daraus lauter Nussbäume, und die tragen wieder solche Nüsse wie wir. Das ist das Geheimnis unserer Kerne, und das ist auch das Geheimnis des Lebens."

Der Nussknacker blieb eine Weile still, dann meinte er: „Ganz schöne Sache, aber was ist das mit der goldenen Nuss da drüben, die ich nicht knacken darf? Hat die das gleiche Geheimnis in sich, wie ihr?" Die dicke Nuss dachte nach: „Wahrscheinlich ist in ihr ein noch größeres Geheimnis verborgen, sonst wäre sie ja keine Weihnachtsnuss."

„Und warum darf ich sie nicht knacken?", fragte der Nussknacker.

„Weil es Geheimnisse gibt, die Geheimnisse bleiben müssen, antwortete die Nuss, „alles an und um Weihnachten ist so ein Geheimnis. Und das sollte auch ein Nussknacker respektieren."

Jetzt kam Nico wieder ins Zimmer. Er räumte den Teller mit den Nüssen weg und legte die goldene Nuss neben den Adventskranz. Der Nussknacker schaute ihm dabei zu und überlegte, ob vielleicht im Bauch des Jungen bald auch Nussbäume wachsen würden, weil er doch so viele Nusskerne gegessen hatte. Ja, Nussknacker haben manchmal schon seltsame Gedanken.

Vorschlag: Ein Teller mit Nüssen oder eine goldene Nuss.

12.
Dezember

„Meine Geschichte hätte schon viel früher kommen müssen", rief ein Sternchen, als der Nikolaus am 12. Dezember seinen Sack öffnete. „Und warum?" fragte der Nikolaus. „Weil meine Geschichte eine Geschichte der Äpfel ist, die du doch auch den Kindern bringst und die später einmal an so manchem Christbaum hängen werden. Es ist zunächst eine etwas traurige Geschichte…" „Da bin ich aber nicht dafür", unterbrach der Nikolaus. Das Sternchen war anderer Ansicht: „Sie geht ja gut aus, meine Geschichte. Und sie will den Kindern sagen, was aus den Äpfeln wird, die auf der Wiese liegen bleiben und vielleicht auch, dass sie dem Apfelbaum einmal ein 'Dankeschön' sagen könnten. Soll ich erzählen?" Der Nikolaus nickte: „Fang' an. Ich bin gespannt auf deine Geschichte." Da erzählte das Sternchen, was es vom Apfelbaum auf der Wiese gehört hatte:

Übriggebliebene Äpfel

Unter einem Apfelbaum im Gras kuschelten sich viele rotbackige Äpfelchen. Sie waren wohl vergessen worden, obgleich ihre Farbe hell aus der Wiese herausleuchtete. Bis in den späten Herbst hinein hatten sie gehofft, dass sie jemand auflesen würde. Aber nein, kein Mensch wollte sie haben. „Seht nur, wie schön rotbackig ich bin", rief einer davon, „und so etwas lassen die Menschen einfach liegen." „Ja, das ist ungerecht", meinte ein anderer, „die Äpfel von dem Baum da drüben, die großen, die haben sie abgeerntet." „Hm", machte ein dritter, „und schmecken tun die auch nicht besser als unsereins."

Inzwischen war es November geworden. Bald würde der Winter ins Land ziehen, die Erde mit Schnee bedecken. Daran durften die Äpfelchen gar nicht denken: „Ach, was wird dann aus uns?"

Da kamen eines Tages ein paar Kinder des Wegs und entdeckten die Äpfelchen. „Sind die schön rot", riefen sie. Eines der Mädchen bückte sich: „O, die kann ich gut gebrauchen. Mit solch kleinen, rotbackigen Äpfeln schmücken wir immer unseren Adventskranz und die Weihnachtsgestecke. Kommt, die lesen wir auf!" Sie suchten die schönsten heraus und nahmen sie mit.

Die anderen ließen sie liegen.

„Recht trostlos", stellte ein etwas angeschlagener Apfel fest, „bloß wegen der paar Macken wollten sie mich nicht mitnehmen."

„Und mich", klagte sein Nachbar, „mich haben sie aufgehoben, aber gleich wieder weggeworfen, weil sie ein Wurmloch entdeckt haben. So empfindlich sind die."

Dann regnete es. Ein erster leichter Schnee fiel und taute wieder. Die restlichen Äpfel lagen immer noch unter dem kahlen Baum, nun etwas leicht zermatscht. „Jetzt will uns niemand mehr", seufzte der mit dem Wurmstich, „wir sind überflüssig."

„Wer behauptet denn so etwas", rief da plötzlich eine Amsel, „gestatten, dass ich zubeiße?" „Aber bitte", freute sich der Apfel, „dafür sind wir ja da."

Und dann kamen noch mehr Vögel. Sie fragten nicht danach, wie die Äpfel aussahen, sondern pickten vergnügt in sie hinein. Und bei jedem Picken sagten sie: „Danke, es ist schön, dass ihr noch da seid. Danke, ihr schmeckt ausgezeichnet!"

Der Apfelbaum schaute dem munteren Treiben der Vögel zu. Er freute sich, dass es ihnen schmeckte, und er überlegte, ob die Menschenkinder wohl auch „danke" sagen würden zu seinen Äpfelchen, wenn sie hineinbeißen.

Vorschlag: Ein paar rotbackige Äpfel.

13.
Dezember

„Habt ihr nicht wieder mal was Lustiges?" fragte der Nikolaus die Sternenschar, die da im Sack war. Die Sterne blitzten ihn fröhlich an: „Aber klar, Nikolaus, das haben wir." Und dann schickten sie ein Sternchen heraus, das dem Nikolaus sogleich auf die Hand sprang und ihm eine seltsame Geschichte erzählte:

Das kleine Ungeheuer

Auf Daniels Bett hockte ein kleines Ungeheuer. Es war etwa so groß wie eine Sprudelflasche, hatte lange Ohren und einen furchtbar breiten Mund, mit dem es Daniel unverschämt angrinste. „Geh da runter, das ist mein Bett", schimpfte der Junge. Aber das kleine Ungeheuer wollte nicht. „Du kannst ruhig auch in dein Bett gehen. Du störst mich nicht", meinte es.

„Pah", machte Daniel, „du bist ganz schön unverschämt." Er schüttelte die Bettdecke in der Hoffnung, dass das kleine Ungeheuer da herunterfallen würde. Aber das tat es nicht. Im Gegenteil: es hüpfte hoch und tanzte mit seinen kurzen Beinchen vergnüglich auf der Decke herum. Jetzt musste Daniel doch lachen. „Wo kommst du eigentlich her?" fragte er.

„Iiich? Das weiß ich nicht so genau."

„Und was willst du hier bei mir, auf meinem Bett?"

„Ich will mich ausruhen."

Daniel schmunzelte: „Na, wenn du dich ausruhen willst, dann setz' dich wieder hin und hör' auf mit dem Herumgehopse."

Das kleine Ungeheuer folgte. „Erzähl' mir was", bat es, „schlüpf' ins Bett und erzähl' mir, was du heute erlebt hast."

Daniel kroch unter die Decke. Vorsichtig streckte er seine Beine aus, damit er das kleine Ungeheuer nicht umwarf. Dann überlegte er, was er heute in der Schule (im Kindergarten) so gemacht hatte. Ach ja, der Streit mit Tim: „Der Tim hat mich gepufft, und da hab' ich ihn wieder gepufft, und dann haben wir uns gebalgt. Und dem Florian, der dazukam, hab' ich auch eine geknallt, peng, peng!"

„Keine schöne Geschichte", knurrte das kleine Ungeheuer, „nein, das ist gar keine gute Geschichte. Wenn du so weitermachst, wirst du auch ein kleines Ungeheuer."

Daniel erschrak: „So mit langen Ohren und einem breiten Mund?"

Das kleine Ungeheuer zuckte mit den Schultern: „Ja, vielleicht, wenn du mir nur solche Sachen erzählst. Aber du hast doch sicher auch etwas Schönes erlebt. Was habt ihr denn sonst noch gemacht?"

Daniel dachte nach: „Wir haben heute ein Weihnachtslied gelernt."

„Sing' mir's vor."

„Und dann bekomme ich keine langen Ohren und keinen breiten Mund."

„Nein, dann bekommst du keine langen Ohren und keinen breiten Mund."

Da sang Daniel dem kleinen Ungeheuer das Lied vor, das er in der Schule (im Kindergarten) gelernt hatte.

(Ein den Kindern bekanntes Weihnachtslied einflechten)

Das kleine Ungeheuer summte leise mit und kuschelte sich gemütlich in die Bettdecke. Dann seufzte es wohlig: „So, jetzt bin ich richtig müde geworden. Schlafen wir?"

„Ich will noch mein Abendgebet sprechen", sagte Daniel.

„Ja, das ist gut", meinte das kleine Ungeheuer und faltete die Hände.

Plötzlich geschah etwas Eigenartiges: Während Daniel sein Abendgebet sprach, wurden aus den langen Ohren des kleinen Ungeheuers bunte Flügel. Es sah jetzt auch nicht mehr aus wie ein kleines Ungeheuer, sondern richtig lieb. Mit großen Augen schaute es auf Daniel und hauchte: „Danke für das Lied und danke für das Gebet. Es war wunderschön bei dir, aber jetzt muss ich fort. Heute Nacht im Traum treffen wir uns wieder. Ich bin nämlich so etwas wie ein Traumgeist."

Und dann flog das kleine Ungeheuer, das keines mehr war, mit seinen bunten Flügeln hoch und zum Fenster hinaus. Daniel wollte noch etwas fragen, aber da war er auch schon eingeschlafen.

Im Traum hat er dann das lustige kleine Ungeheuer tatsächlich wieder getroffen. Und sie haben viel miteinander gelacht und sind zusammen auf dem Bett herumgetanzt. Am Schluß hat das kleine Ungeheuer dem Daniel noch einen geheimnisvollen Traumstein geschenkt und ihm zugeflüstert: „Wenn du den unter dein Kopfkissen legst, kannst du immer gut einschlafen."

Seither liegt unter Daniels Kopfkissen ein kleiner Traumstein, und der Junge passt gut auf, dass ihm dieser Stein nicht verloren geht. Von wem er ihn hat, das verrät er allerdings nicht.

Vorschlag: Ein bunter Stein.

**14.
Dezember**

*„Du wolltest doch etwas für die Kinder zum Träumen haben", sag-
ten die Sterne am 14. Dezember zum Nikolaus… „Ja, ja, das wollte
ich", nickte der. „Und deshalb haben wir heute eine ausgesproche-
ne Traumgeschichte für dich ausgesucht. Die solltest du, oder irgend jemand, den du beauftragt hast, den Kindern am Abend vor
dem Schlafengehen erzählen", meinten die Sterne. Der Nikolaus
war einverstanden: „Lässt sich machen. Aber erst möchte ich selbst
diese Geschichte hören." Husch, sprang ein Sternchen aus dem
Sack und erzählte dem Nikolaus die Geschichte vom Träumemond.*

Auf dem Träumemond

Die kleine Isabell schaute auf den Mond. Hell und klar und rund
stand er heute am Himmel. Ob man wohl darin den Mann im Mond
sehen könnte? „Quatsch", sagte ihr Bruder, „den gibt es doch gar
nicht. Die Raumforscher haben keinen Mann im Mond entdeckt."
„Schade", meinte Isabell. Dann schlüpfte sie ins Bett und legte sich
schlafen, enttäuscht darüber, dass es keinen Mann im Mond gab.

Doch kaum war sie eingeschlafen, da sah sie auf einmal über sich
einen hellen Schein. Und als sie ihre Traumaugen öffnete, schwebte
ein Engel über ihr. „Komm mit", flüsterte der Engel, „wir fliegen zusammen zum Mond."

„Ja, geht denn das?" wunderte sich Isabell, „kann ich denn fliegen?" Der Engel lächelte: „Ich fliege jede Nacht mit dir ins Traumland. Nur kannst du mich zumeist nicht sehen."

„Und warum heute?"

„Weil ich dir heute den Mond zeigen will, den die Raumfahrer nicht erforscht haben". Überrascht richtete sich das Mädchen im Bett auf: „Gibt es denn noch einen zweiten Mond?"

„Nein", sagte der Engel, „es gibt nur einen Mond. Aber in diesem Mond liegt noch eine geheimnisvolle Welt, die von den Raumfahrern nicht erforscht werden kann."

„Und dort wohnt dann vielleicht auch dieser Mann im Mond?"

Wieder lächelte der Engel: „O, mein Kind, den Mann im Mond gibt es nicht. Da hat dein Bruder schon recht. Aber eine Traumfee wohnt auf diesem Mond. Und zu ihr wollen wir jetzt fliegen."

Der Engel reichte dem Kind eine silberne Schnur: „Halt dich daran fest. Ich ziehe dich hoch." Isabell wurde ganz seltsam zumute. Da flog sie auf einmal mit ihrem Engel durch die Sternennacht. Immer höher, immer weiter ging es hinauf, und von allen Seiten blinkten und blitzten ihnen die Sterne einen Gruß herüber.

Die silberne Schnur sah jetzt aus wie ein Mondstrahl und zog Isabell und den Engel dem leuchtenden Mondball zu. Ja, und dann standen sie auf dem Mond. Aber da waren keine Krater, keine Steine, sondern grüne Wiesen und blauschillernde Wälder. In der Ferne glitzerte etwas Silberhelles. „Das ist der Traumsee", erklärte der Engel, „dort wohnt die Traumfee und spinnt Träume für die Menschen. Auch für dich hält sie einen Traum bereit."

Als die beiden zum See hinüberwanderten, sahen sie schon von weitem die Traumfee. Ihr langes, blaues Gewand wehte im Wind, und ihre silbernen Haare glänzten im Mondlicht. In den Händen hielt sie eine wunderschöne Blüte, die sie ins Wasser des Traumsees legte. Jetzt sah sie Isabell und den Engel kommen und ging ihnen freudig entgegen. „Soeben habe ich deinen Traum als Blüte zum See gebracht", sagte sie zu dem Mädchen.

Staunend schaute sich Isabell um. Noch mehr Blüten schwammen in dem Traumsee. Sie hatten vielerlei Farben und spiegelten sich leuchtend im Wasser: „Sind das alles Träume?"

„Ja", sagte die Traumfee, „das alles sind Träume, schöne, gute Träume, auch Weihnachsträume sind dabei."

„Und die schlimmen Träume, machst du die auch?" fragte das Mädchen. Die Traumfee schüttelte den Kopf: „Die schlimmen Träume, die machen die Menschen meist selbst." Isabell verstand das nicht: „Wieso?"

„Wenn sie etwas Schlimmes denken", erklärte die Traumfee, „oder wenn sie etwas Schlimmes anschauen."

„Du meinst im Fernsehen", unterbrach Isabell. „Ja, auch das. Wenn sie etwas Schlimmes denken oder etwas Schlimmes anschauen, dann bekommen die Menschen oft auch schlimme Träume. Und dann können die Engel diese träumenden Menschen in der Nacht nicht zu mir an den Traumsee bringen."

Isabell sah ihren Engel etwas ängstlich an: „Dann bin ich, wenn ich schlechte Träume habe, ganz allein im Traumland, ohne dich?"

„Du wirst nie allein sein", beruhigte sie der Engel, „ich bin immer bei dir, auch wenn du schlechte Träume hast. Stets werde ich dich beschützen. Nur kann ich die bösen Bilder nicht wegjagen, und ich kann dich in solcher Nacht auch nicht zur Traumfee tragen."

„Was kann man denn gegen schlechte Träume tun?" wollte Isabell wissen. „Gute Gedanken haben und nichts Schlimmes ansehen", sagte die Traumfee. Und der Engel fügte hinzu: „Das dürfte dir ja gerade jetzt in der Adventszeit nicht schwer fallen. Zünde eine Kerze an und singe Weihnachtslieder. Und vor dem Schlafengehen denke an die Traumfee, an mich und an den, der über uns allen wacht. Doch nun komm, wir sollten wieder zurückfliegen."

„Wartet noch", rief die Traumfee. Sie stieg zum See hinunter, zog ein paar silberglitzernde Algen heraus und gab sie Isabell: „Hier, du Menschenkind, damit du mich nicht vergisst. Und sage deinem Bruder, dass du in dieser Nacht einen ganz anderen Mond erforscht hast: den Träumemond."

Isabell bedankte sich. Der Engel aber nahm sein Kind in die Arme und trug es wieder hinab zur Erde, in sein Bett, wo es friedlich weiterschlief.

Vorschlag: Silberne Lametta-Fäden als Traumsee-Algen.

Vögleins Traum

Auf der Wiese steht ein Baum,
der hat viele Äste,
darin schläft, ihr seht es kaum,
Vöglein in dem Neste.
Kommt geschwind,
jetzt ein Wind,
und der bringt zum großen Baum
für das Vöglein einen Traum.

15. Dezember

Irgendwo drunten auf der Erde schneite es. „Habt ihr eigentlich auch eine Geschichte vom Schnee gefunden?" fragte der Nikolaus die Sterne. „Aber ja", jubelten die, „wir haben eine besonders schöne Geschichte vom Schnee. Es ist zugleich eine Sternengeschichte. Und das Sternchen, das diese Geschichte erlebt hat, ist sogar hier bei uns im Nikolaussack. Wir haben es mitgenommen, damit es dir sein Erlebnis mit der Schneewolke selbst berichten kann." Ein klitzekleines Sternchen schlüpfte jetzt aus dem Sack. Der Nikolaus nahm es vorsichtig in die Hand. Dort funkelte es hell und erzählte seine Geschichte:

Klitzekleine Sternengrüße

Es war einmal ein klitzekleines Sternchen, das war so unscheinbar, dass man es am Himmel kaum sehen konnte. Nur manchmal an besonders dunklen Nächten, wenn der Mond nicht schien, da blitzte es ein wenig auf. Dann sah es aus wie ein winziger heller Punkt am Himmel. Die Menschen auf der Erde beachteten das kaum. Sie schauten nur auf die großen strahlenden Sterne. Das machte das klitzekleine Sternchen arg traurig. Zu gerne hätte es den Menschen da unten auch etwas von seinem Licht geschenkt, aber dafür war es einfach zu schwach.

Als es wieder einmal so traurig vor sich hinleuchtete, kam eine dicke graue Wolke vorbei. Und die hatte eine Idee. Sie sagte: „Wenn die Menschen dich da oben am Himmel nicht sehen können, dann flieg' doch einfach zu ihnen hinunter."

Das Sternchen fand diese Idee zunächst gar nicht gut: „Du meinst wohl, ich soll mich als Sternschnuppe da hinunterstürzen? Ach, weißt du, Sternschnuppen landen fast nie auf der Erde."

Die dicke graue Wolke lachte: „Ich meine doch nicht als Sternschnuppe, als Schneesternchen könntest du auf die Erde fliegen."

„Als Schneesternchen", wunderte sich das Himmelssternchen, „wie soll das vor sich gehen?"

„Pass auf", sagte die Wolke, „wenn du dich jetzt noch ein bisschen kleiner machst, dann kannst du in mich hineinschlüpfen, und dann nehme ich dich mit. Versuch's mal."

Flugs zog das Sternchen alle seine Strahlen ein, und tatsächlich wurde es dadurch ein wenig kleiner. Nun war die Wolke zufrieden: „Ich denke, jetzt bist du klein genug für eine große Schneeflocke. Steig' ein bei mir, gleich fliegen wir zur Erde."

Als das die anderen Sterne, die großen und die kleinen, hörten, wollten sie alle auch mit. Aber die Wolke wehrte sie ab: „Halt, halt, ihr seid viel zu groß, viel zu schwer für mich. Euch kann ich nun wirklich nicht tragen."

Das sahen die Sterne ein. Aber sie baten das klitzekleine Sternchen, den Menschen da unten wenigstens Grüße von der ganzen großen Sternenwelt zu bringen. Auch der alte Mond wollte Grüße vom Himmel mitgeben.

„Hach", seufzte nun das klitzekleine Sternchen, „das wird nicht leicht für mich sein, eure vielen Grüße zu den vielen Menschen zu bringen."

Plötzlich hörte es hinter sich, neben sich und vor sich ein fröhliches Lachen. Und dann sah es, dass es in der Wolke zwischen lauter lustigen Schneeflocken saß. Die flüsterten ihm zu: „Hab' keine Sorge, wir helfen dir, die Grüße der Sterne und des Mondes zu den Menschen zu tragen."

Schneeflöckchen
(zum Aufsagen)

Wir sind die kleinen Flöckchen,
es schneit, es schneit, es schneit,
aus Wolken ist das Röckchen,
aus Wolken unser Kleid.
Wir kommen von Frau Hollen,
wir tanzen und wir tollen
hinab zur Erde weit.
Es schneit, es schneit, es schneit.

Wir fallen leise, leise,
es schneit, es schneit, es schneit,
auf heimlich stille Weise
aus ferner Einsamkeit.
Und kalt wird's, immer kälter,
und weiß sind schon die Felder,
die Erde weit und breit.
Es schneit, es schneit, es schneit.

Wir fallen abends gerne,
es schneit, es schneit, es schneit,
da leuchten wir wie Sterne
zum Erdenflug bereit.
Wir flüstern leis und singen,
wenn wir den Himmel bringen
herab zur Weihnachtszeit.
Es schneit, es schneit, es schneit.

Die Wolke, die nun immer dicker und immer grauer wurde, drängte zum Abflug. Aber das Sternchen hatte noch eine Frage: „Wie komme ich eigentlich später wieder in den Himmel zurück?"

Da tauchte hinter der grauen Wolke ein Leuchten auf. Das war die Sonne. Die sagte: „Ich werde dich, wenn du zum Schneesternchen geworden bist, eines Tages wieder auftauen und mit meinen Strahlen hinauf zum Himmel holen."

„O danke", freute sich das klitzekleine Himmelssternchen, „soll ich den Menschen auch von dir Grüße bringen?"

Die Sonne lächelte: „Das mache ich schon selbst. Ich denke, wenn die Menschen meine wärmenden Strahlen spüren, wenn sie sehen, wie durch meine Kraft Gräser wachsen, Blumen blühen und die Bäume neue Blätter bekommen, o, dann merken die Menschen sicherlich, dass das ein Geschenk des Himmels ist."

Nun wurde die graue Wolke ungeduldig. „Gleich platze ich", rief sie den Schneeflocken zu, „dann fallt ihr alle herunter. Haltet euch noch ein Weilchen aneinander fest, bis ich näher an der Erde bin."

Ja, und dann flog sie los. Und als sie ganz nah an der Erde war, ließ sie die Schneeflocken frei. Fröhlich tanzten sie als Schneesternchen herunter. Und mittendrin tanzte das klitzekleine Himmelssternchen, das nun auch zum Schneesternchen geworden war.

„Da schaut nur, was für eine große Schneeflocke", meinten die Kinder. Sie wussten natürlich nicht, dass das eigentlich ein Himmelssternchen war.

Es schneite dann noch einige Tage. Immer mehr Schneesternchen kamen aus der Wolke. Und wie sie so heruntertanzten, sangen sie:

„Aus des Himmels weiten Fernen,
von dem Mond und von den Sternen
wir den Menschen Grüße bringen.

Wenn wir tanzen, wenn wir singen,
wird bald heimlich, still und leis
ringsumher die Erde weiß."

Später, viel später hat dann die Sonne das klitzekleine Sternchen wieder in den Himmel geholt. Dort musste es den großen Sternen erzählen und erzählen und es erzählt ihnen wohl heute noch all das, was es auf der Erde so erlebt hat. Es ist nun auch gar nicht mehr traurig darüber, dass es nur als klitzekleines, unscheinbares Sternchen am großen Himmelszelt steht, weiß es doch so wunderbare Geschichten von der Erde, die sogar den großen, leuchtenden Sternen gefallen.

Seit dieser Zeit fliegt mit den Schneewolken immer wieder einmal ein klitzekleines Himmelssternchen auf die Erde herunter. Das ist dann eben eine besonders große Schneeflocke. Aber die meisten Menschen merken das gar nicht.

Vorschlag: Eine Schneeflocke (lässt sich leicht selbst herstellen, wenn man in ein Wattebällchen einen kleinen Silberstern klebt) oder ein Schneesternchen (gibt es als Christbaumschmuck oder kann selbst gefaltet und geschnitten werden).

Das Sternchen
(zum Aufsagen)

Als Sternchen komm' ich in der Nacht,
hab' viele Strahlen mitgebracht
aus unsres Himmels fernen Weiten,
die soll'n durchs Christfest euch begleiten.

16. Dezember

Was kam denn da für ein Kichern und Lachen aus dem Sack? Schnell machte ihn der Nikolaus auf und schaute hinein. Die Sternschnuppen-Sternchen da drinnen konnten sich kaum beruhigen. Sie kicherten in einem fort. „Weißt du noch, Nikolaus", rief eines, „von dir habe ich auch einmal eine Geschichte bekommen. Ist schon lange her, aber ich hab' sie behalten und gerade den anderen erzählt." „Und warum lachen die so?" wollte der Nikolaus wissen. „Weil du da wohl ein wenig geflunkert hast." „Hm", brummte der Nikolaus, „das muss ich erst selbst mal feststellen. Ich kann mich nicht mehr daran erinnern. Lass sie hören, deine, meine Geschichte." Das tat das Sternchen nur zu gerne, und es erzählte dem Nikolaus und allen, die es hören wollten die Geschichte vom Schlaraffenland.

Im Schlaraffenland

Adele und Johannes standen vor einem Schokoladengeschäft.

„Woher kommen eigentlich die Zuckerringchen für den Weihnachtsbaum?" fragte Adele den größeren Bruder. „Aus so einem Geschäft natürlich", erklärte Johannes. „Jaahh, schon, aber ich meine, woher bekommt dieses Geschäft die Zuckerringchen?" Johannes lachte: „Ganz einfach: von der Schokoladenfabrik."

Plötzlich stand der Nikolaus hinter den Kindern. „Ganz so einfach ist das nicht, mein lieber Junge", brummte er, „ich bekomme meine Zuckerringchen weder von so einem Geschäft, noch von einer Schokoladenfabrik. Ich bekomme sie vom Schlaraffenland."

„Aber das gibt es doch gar nicht", platzte Johannes heraus.

Der Nikolaus sah ihn streng an. „Und ob es das Schlaraffenland gibt! Wollt ihr es sehen?"

„Klar wollen wir es sehen", riefen Johannes und Adele.

„Na, dann kommt mal mit." Der Nikolaus stellte seinen Sack vor die Kinder: „Los, steigt ein. Ihr braucht keine Angst zu haben. Euch passiert nichts. Ich will euch nur das Schlaraffenland zeigen."

Ganz wohl war den Kindern zwar nicht. Aber sie nahmen all' ihren Mut zusammen und stiegen tapfer in den Sack des Nikolaus. Der nahm ihn auf die Schulter und stapfte davon. Dabei sang er vergnüglich vor sich hin:

> *„Auf geht's ins Schlaraffenland!*
> *Seht, da gibt es allerhand*
> *feine Sachen zum Versuchen:*
> *Schokolade, Honigkuchen,*
> *Marzipan und Zuckerringe*
> *und noch viele andere Dinge.*
> *Doch kaum einem ist's gelungen,*
> *hat den Puddingberg bezwungen.*
> *Essen, essen, immer essen*
> *und das Schlucken nicht vergessen!"*

Auf einmal stellte der Nikolaus den Sack mit einem Ruck ab und ließ die Kinder aussteigen. Die aber staunten. Sie standen vor einem riesigen Puddingberg. Der Nikolaus reichte ihnen zwei Löffel: „Da müsst ihr euch erst durchfuttern. Nur durch diesen Puddingberg führt der Weg ins Schlaraffenland."

Johannes schüttelte den Kopf: „Das können wir doch gar nicht. Der Puddingberg ist viel zu groß für uns." Adele naschte ein wenig an der Cremeschicht, die um den Pudding herumlag. Die schmeckte schon recht gut. „Nun versucht es doch mal wenigstens", meinte der Nikolaus.

Die Kinder aßen und aßen, aber das gab immer nur ein kleines Loch in den großen Pudding. „Das schaffen wir nie", stöhnte Johannes. Der Nikolaus nickte: „Nein, das schafft ihr nie. Da muss ich euch wohl ein wenig helfen." Adele schaute ihn groß an: „Willst du so viel Pudding essen, Nikolaus?"

„Aber nein, mein Kind, jetzt machen wir das anders. Ich, als Nikolaus, darf das." Er holte aus seinem Sack eine Schaufel und grub ein Loch in den Berg: „So, und nun los, mir nach!"

Etwas gebückt kroch der Nikolaus durch das Loch. Die Kinder schlüpften hinterher. Und dann waren sie tatsächlich im Schlaraffenland.

Toll war das! Da gab es blühende Blumen aus Sahnebaiser, einen Marmeladenteich, einen Brunnen, aus dem Organgensaft floss, und ein Lebkuchenhaus. Vor diesem Haus aber liefen lustige Männchen herum. Sie hatten weiße Schürzen umgebunden, und auf dem Kopf trugen sie hohe Bäckermützen. „Das sind die Weihnachtszuckerbäckermännlein", erklärte der Nikolaus, „sie machen den süßen Schmuck für die Weihnachtsbäume."

Die Zuckerbäckermännlein hatten es sehr wichtig. Schnell und gewandt formten sie aus Schokolade, Zucker und Marzipan süße Sternchen, kleine Herzen, Engelchen, Nikoläuse, Pilze und Tannenzapfen und viele, viele Zuckerringchen. Dabei sangen sie:

„Ei, wir backen feine Dinge,
Zuckerherzen, Zuckerringe,
Schokoladen-Tannenzapfen,
aus Gelée die süßen Krapfen,
Nüsse, fein gefüllt mit Sahne,
und aus weichem Marzipane
formen wir die schönsten Sachen,
die den Kindern Freude machen."

„Ihr könnt hier schlecken, soviel ihr wollt", sagte der Nikolaus, „holt euch, was euch schmeckt." Die Kinder naschten ein wenig an den Zuckersachen und der Schokolade, aber dann gaben sie auf. Sie hatten vorher zu viel von dem Pudding gegessen. „Wie groß ist denn das Schlaraffenland?", wollte Johannes wissen. „O, sehr groß", meinte der Nikolaus, „wir sind hier ja nur am Rande des Schlaraffenlandes, in dem Teil, wo die Süßigkeiten für Weihnachten gemacht werden. Um ins richtige Schlaraffenland zu kommen, müssten wir uns jetzt noch durch einen Berg von Pflaumenmus essen."

Johannes wehrte ab: „O bitte nein, nur das nicht. Mir ist jetzt schon bald schlecht." Der Nikolaus schmunzelte: „Zu viele Süßigkeiten sind wohl auch nichts. Dann bringe ich euch besser wieder zurück. Steigt in den Sack. Diesesmal fliegen wir."

Und dann ging alles sehr schnell. Kaum waren die Kinder in den Sack geklettert, da konnten sie auch schon wieder aussteigen. Überrascht standen sie vor dem Schokoladengeschäft, in der Hand eine Tüte mit Zuckerringchen. Aber als sie sich beim Nikolaus bedanken wollten, sahen sie ihn nicht mehr. Er war einfach verschwunden. Eigenartig!

Als sie später wieder zu Hause waren, da wusste Adele allerdings nicht mehr so genau, ob das alles wirklich so gewesen war, oder ob es ihr der große Bruder nur erzählt hatte. Aber nein, sie konnte sich doch noch genau an das Schlaraffenland erinnern. Und dann war da auch noch das Lied von den Weihnachtszuckerbäckermännlein. Adele hatte es nicht vergessen. Und als sie der Mutti beim Plätzchen backen half, sang sie es immer und immer wieder. „Wo hast du denn dieses Lied gelernt?" fragte die Mutter. Da antwortete Adele strahlend: „Bei den Zuckerbäckermännlein im Schlaraffenland. Bei den Weihnachtszuckerbäckermännlein, Mutti. Wo denn sonst?"

Vorschlag: Zuckerringchen.

17. Dezember

„Na, wen lasse ich denn jetzt erzählen?" fragte der Nikolaus und schaute in seinen Sack hinein. „Ich habe eine schöne Geschichte von der Sonne erfahren", meldete sich ein Sternchen. Der Nikolaus überlegte: „Hm, das wäre einmal etwas anderes. Komm heraus und sag' uns, was du weißt." Da sprang das Sternchen aus dem Sack und erzählte dem Nikolaus die Geschichte von einem kleinen Sonnenstrahl:

Schimmerchen

Wenn die Menschen vor Weihnachten die Adventskerzen anzünden und dabei stille sind, Geschichten hören oder Weihnachtslieder singen, dann geschieht oft etwas Geheimnisvolles. Weihnachtsengel huschen unbemerkt durchs Zimmer und legen über die Kerzen ein himmlisches Licht. Manchmal flackern die Kerzen dabei ein wenig auf, aber nicht immer. Sie brennen genauso, wie zuvor, und doch haben sie danach ein anderes, besonderes Leuchten, tragen etwas Himmlisches in ihrer Flamme. Die Menschen können das natürlich nicht sehen, aber manche spüren es vielleicht, vor allem die Kinder.

Nun war da auch einmal ein Weihnachtsengel, der solch himmlische Lichter zu den Menschen brachte. Er flog von Haus zu Haus und schaute nach, wo gerade eine Adventskerze brannte. Und wenn er eine fand, legte er heimlich und ungesehen ein himmlisches Licht darüber und flog weiter. Das machte er schon seit über hundert Jahren so. Aber einmal hatte er dabei ein Erlebnis, das er wohl nie vergessen wird.

Es war erst kürzlich, in einer Nacht im Advent. Wieder einmal flog der Weihnachtsengel durch die Straßen, da sah er neben sich ein Blinken und Leuchten. Dann verschwand es wieder. Was mochte das sein? Irgendwie kam ihm die Sache eigenartig vor. Der Engel stoppte seinen Flug, um nach diesem seltsamen Blinken zu suchen, es sich näher anzuschauen. Und was sah er: einen winzigkleinen Sonnenstrahl, der da um ihn herumtanzte.

„Was machst du denn hier?" fragte der Weihnachtsengel. „Es ist doch Nacht und keine Zeit für Sonnenstrahlen. Und so klein, wie du bist! Wie heißt du eigentlich?"

„Ich bin Schimmerchen", sagte der Sonnenstrahl, „weißt du, die Sonne lässt mich an diesen Wintertagen nicht mehr heraus. Da bin ich heute Nacht einfach davongeflogen. Ich wollte wieder einmal zu den Menschen und dachte, ich könnte dich vielleicht begleiten, wenn du Himmelslichter über die Kerzen legst."

Der Engel lächelte: „Was für Ideen hast du nur, Schimmerchen. Es ist nicht deine Aufgabe, Himmelslichter über die Adventskerzen zu legen. Du musst jetzt bei der Sonne bleiben, dich schön warm halten, damit du im Frühling kräftig genug bist, um die Blumen zu wecken."

„Meinst du? Aber die großen Sonnenstrahlen, die dürfen auch im Winter manchmal ausfliegen", beklagte sich Schimmerchen. Dabei wurde sein Blinken schwächer und schwächer, und sein Leuchten verblasste immer mehr.

Schnell nahm der Engel den kleinen Sonnenstrahl in die Arme und hüllte ihn ein in sein himmlisches Licht. Behutsam flüsterte er ihm zu: „Die großen Sonnenstrahlen haben so viel Kraft, dass sie ab und zu auch in der Kälte scheinen können. Aber du, Schimmerchen, du solltest dich noch ein wenig an der Sonne wärmen. Im Frühling wirst du dann so hell und strahlend sein, dass du den Menschen auch ein himmlisches Licht bringen kannst."

Schimmerchen horchte auf: „Kann ich das dann wirklich? Darf ich im Frühling den Menschen ein himmlisches Licht bringen, so wie du jetzt?"

„Vielleicht ein wenig anders", sagte der Engel, „aber auch Sonnenstrahlen tragen himmlisches Leuchten, Wärme und Helligkeit auf die Erde. Das ist eine wunderschöne Aufgabe. Freue dich darauf. Doch dafür musst du erst noch etwas größer, etwas heller und wärmer werden. Und das kannst du nur bei der Sonne."

„Ich friere auf einmal", gestand Schimmerchen, „ich möchte gerne wieder zu meiner Sonne zurück, aber ich glaube, ich bin zu schwach dazu."

Da trug der Engel den kleinen frierenden Sonnenstrahl hinauf in den Himmel hinter die Wolken. Dort sitzt Schimmerchen jetzt und kuschelt sich an die Sonne, damit es bald kräftig und stark wird, wie die großen Sonnenstrahlen. Der Weihnachtsengel aber flog zur Erde zurück. Dort huscht er nun wieder in die Häuser der Menschen und legt himmlische Lichter über die Adventskerzen. Vielleicht kommt er auch einmal zu uns.

Vorschlag: Eine Kerze oder eine Schokoladen-Sonne oder goldene Lametta-Fäden als Sonnenstrahlen.

Der Sonnenstrahl
(zum Aufsagen)

Hallo, hallo, hört einmal,
jetzt komm ich, der Sonnenstrahl!
Auch im Winter bin ich da,
so wie jetzt, ihr seht es ja.
Vielleicht spürt ihr zwar nicht immer
meinen warmen Sonnenschimmer,
manchmal muß ich mich verstecken.
Doch bald werd' ich Blumen wecken.

18. Dezember

„Hallo, du da drunten", rief der Mond dem Nikolaus zu, als der gerade wieder in seinem Sack nach einer Geschichte für die Kinder suchte, „hallo, Nikolaus, in deinem Sack ist auch eine Geschichte von mir drin. Ich habe sie einem Sternchen erzählt. Bringe die doch auch mal den Kindern." „Gerne, lieber Mond", sagte der Nikolaus, und dann fragte er in den Sack hinein: „Wer von euch hat denn die Mondgeschichte?" Sogleich meldete sich ein Sternchen. Es hüpfte dem Nikolaus auf die Hand und erzählte diese Geschichte:

Das unzufriedene Schäfchen

In der Werkstatt des alten Holzschnitzers ging es immer ein wenig geheimnisvoll zu. Vielleicht kam es daher, weil der Holzschnitzer so viel mit himmlischen Dingen zu tun hatte. Er schnitze Krippen, Engel, Madonnen und allerlei Heilige, und er war dabei mit seinen Gedanken mehr in einer Welt der Träume, als auf der Erde. Das spürten auch die Menschen, wenn sie in seine Werkstatt kamen.

Gerade war er wieder dabei, eine Krippe zu schnitzen mit allerlei Figuren. Maria und Joseph, das Jesuskindlein, Ochs und Esel, die Hirten und ein paar Schäfchen hatte er schon fertig. Jetzt kam der Engel an die Reihe. Der Holzschnitzer schnitzte daran bis in die späte Nacht hinein. Dann betrachtete er sein Werk zufrieden und kritisch zugleich.

Die meisten Figuren waren ihm gut gelungen. Nur das eine Schäfchen gefiel ihm nicht so recht. Vielleicht sollte er noch ein wenig daran herumschnitzen? Er nahm es in die Hand und prüfte den Kopf, den Körper und die Beine. Eigentlich war alles in Ordnung, – und doch! Er wusste nicht, warum ihm das Schäfchen nicht so ganz behagte. Vielleicht hatte er keine so guten Gedanken gehabt, als er daran arbeitete. Der Holzschnitzer konnte sich nicht mehr daran erinnern. Aber jetzt war er müde. „Morgen sehen wir weiter", sagte er zu sich selbst. Dann löschte er das Licht aus und ging zu Bett.

Bald schien der Mond durchs Fenster und leuchtete in die Holzschnitzer-Werkstatt hinein. Und als er so seine Strahlen über die Krippenfiguren gleiten ließ, da war es plötzlich, als ob sie sich ein wenig bewegten, nicht richtig natürlich, sondern nur ein ganz kleines bisschen. Am lebendigsten wurde das Schäfchen, das dem Holzschnitzer schon etwas eigenartig vorgekommen war. Es drehte den Kopf hin und her und blökte: „Warum muss ich hier vor der Krippe stehen, klein und hölzern? Warum kann ich kein richtiges Schaf sein draußen auf der Weide unter freiem Himmel? Mäh, mäh, mähh." So richtig unzufrieden blökte es vor sich hin.

Nun stand gleich neben der Krippe ein Räuchermännchen. Das war nicht nur lustig anzusehen, sondern hatte auch meist vergnügliche Ideen im Kopf, die es als Rauch zum Mund herausließ.

„Möchtest du wirklich ein richtiges Schaf sein?" fragte es das unzufriedene Schäfchen. „Mäh, mäh, aber ja", rief die kleine hölzerne Krippenfigur, „zu gerne wäre ich ein richtiges Schaf. Dieses hölzerne Herumstehen gefällt mir gar nicht."

Das Räuchermännchen schmunzelte: „Nun, diesen Wunsch kann ich dir für etwa eine Stunde erfüllen. Ich werde jetzt Traumrauch aus meinem Mund blasen, der wird dich verzaubern. Und bald wirst du als richtiges Schaf auf einer Wiese herumspringen. Willst du?" „Mäh, mäh, ja, ja", blökte das Schäfchen ungeduldig.

Da pustete das Räuchermännchen aus seinem Mund eine große blaue Traumwolke heraus. Die schnappte sich das Holzschäfchen, trug es auf eine grüne Wiese und verzauberte es in ein richtiges lebendiges Schaf.

Das unzufriedene Schäfchen konnte es zunächst nicht fassen. Da stand es im grünen Gras unter freiem Himmel und konnte herumspringen, soviel es wollte. Und das tat es dann auch. Es rannte hin und her, suchte sich die schönsten Kräuter und freute sich seines Lebens.

Als es gerade wieder seine Nase in ein Grasbüschel stecken wollte, hörte es hinter sich ein Rascheln. Es drehte sich um – und da sah es eine furchtbare Gestalt, die mit bösen Augen und fletschenden Zähnen hinter einem Strauch hervorschaute. „Wer bist du?" fragte das Schäfchen ängstlich.

„Ich bin der Wolf", knurrte das unheimliche Tier, „und ich werde dich gleich fressen."

„Das kannst du nicht", schrie zitternd das Schäfchen, „das kannst du nicht. Ich bin doch nur aus Holz. Ich bin doch eine Krippenfigur."

Der Wolf aber lachte böse: „Für mich bist du ein richtiges saftiges Schaf. Du wirst mir schon schmecken."

Langsam schlich er auf das Schäfchen zu. Das wollte davonrennen, aber es konnte nicht. Es war wie gelähmt. „Ach, wäre ich doch als Holzschäfchen bei der Krippe geblieben", heulte es. Aber das half ihm gar nichts. Der Wolf kam näher, immer näher.

Zum Glück hatte das Räuchermännchen diesen Traum beobachtet. „Wie gut, dass der Holzschnitzer gestern noch den Engel fertig gemacht hat", meinte es. Flugs blies es nochmals eine blaue Traumwolke in die Luft und bat den Engel, hineinzusteigen, um das Schäfchen aus seinem bösen Traum zu retten. Der kam dann auch noch gerade zur rechten Zeit auf der Wiese an. Als der Wolf das Schäfchen packen wollte, nahm es der Engel schnell in seine Arme, zog es in die Traumwolke des Räuchermännchens hinein und trug es zur Krippe, wo es wieder zu einem Holzschäfchen wurde. Aber zu einem Holzschäfchen, das nun glücklich und zufrieden war und nie mehr ein richtiges Schaf werden wollte.

Immer noch schickte der Mond seine silbernen Strahlen in die Holzschnitzer-Werkstatt. „Du solltest nicht so gefährliche Träume aus deinem Mund blasen", sagte er zum Räuchermännchen. Das aber war anderer Ansicht: „Ich glaube, dieser Traum hat unserem unzufriedenen Schäfchen recht gut getan." Da musste der Mond dem Räuchermännchen auch wieder recht geben.

Am anderen Morgen schaute sich der Holzschnitzer seine Krippenfiguren noch einmal an. Auch das Schäfchen, das ihm am Abend zuvor nicht so recht gefallen hatte, nahm er in die Hand und betrachtete es genau. Dabei murmelte er etwas verwundert vor sich hin: „Ich weiß nicht, was ich da gestern hatte. Heute finde ich das Schäfchen in Ordnung. Es ist mir doch recht gut gelungen."

Vorschlag: Ein Schokoladen-Mond (Christbaumschmuck) oder wer zu Hause eine Krippe hat – ein Schäfchen oder ein Räuchermännchen.

Zähle-Reim
(zum Aufsagen)

Eins, zwei, drei; eins, zwei, drei,
wieder ist ein Tag vorbei.
Vier, fünf, sechs und sieben, acht,
Sternchen leuchten in der Nacht.
Neun und zehn, neun und zehn,
kommt, wir wollen schlafen gehn.

19.
Dezember

Wieder einmal sangen die Sterne im Sack. „O Tannenbaum, o Tannenbaum,“ tönte es dem Nikolaus entgegen. Der hörte sich das Lied an und fragte: „Hat denn diese Liedbegrüßung etwas Besonderes zu bedeuten?“ „Ja“, rief ein Sternchen, „wir haben heute eine Geschichte vom Tannenbaum für dich ausgesucht. Und was denkst du, wer uns diese Geschichte erzählt hat?“ „Weiß ich nicht, bin aber neugierig,“ sagte der Nikolaus und holte das Sternchen aus dem Sack heraus. Funkelnd und leuchtend saß es nun auf seiner Hand, tat ganz geheimnisvoll. Und dann flüsterte es: „Die Wurzelzwerge unter der Erde haben uns diese Geschichte erzählt.“ Darüber musste sich der Nikolaus nun allerdings doch wundern: „Wie kommt denn ihr Sterne von hoch droben am Himmel zu den Wurzelzwergen unter die Erde hinunter?“

Wieder strahlte das Sternchen den Nikolaus an und flimmerte ihm um die Augen herum. „Du blendest mich“, brummelte der. „Da siehst du“, sagte das Sternchen, „unsere Strahlen sind hell und stark und reichen bis tief in die Erde hinunter.“ „Das hab' ich nicht gewusst“, gestand der Nikolaus.

„Die Erde braucht unsere Strahlen“, sprach das Sternchen weiter, „und was denkst du, wie sich die Wurzelzwerge freuen, wenn wir sie besuchen. In der letzten Nacht haben sie uns nun die Geschichte vom Tannenbaum zugeraunt.“ „So, so“, nickte der Nikolaus, „na, dann wollen wir doch mal hören, was die Wurzelzwerge unter der Erde alles wissen.“ Da erzählte der kleine Stern die Geschichte vom

Würzelchen

Irgendwo unter der Erde ist es aufgewacht. Langsam und vorsichtig kroch es aus einem Samenkorn heraus: ein klitzekleines Naturwesen. „Da schaut mal, ein Würzelchen", riefen die Regenwürmer, als sie es entdeckten. Ja, und so kam Würzelchen zu seinem Namen. Neugierig blickte es sich um. Überall war nur Erde, nichts als Erde. Dunkel oben, dunkel unten, dunkel rechts, dunkel links. Würzelchen wusste nicht recht, wohin es jetzt gehen sollte.

Dicht neben ihm fraß sich gerade ein Regenwurm durchs Erdreich. Den fragte es: „Weißt du, wo es hier ins Helle geht? Ich möchte so gerne aus dem Dunkeln heraus. Soll ich nun nach rechts, nach links, nach oben oder nach unten wandern?"

Der Regenwurm verspeiste genüsslich ein Krümelchen Erde und meinte: „Immerzu nach oben. Ich krieche auch dorthin."
„Kannst du mich denn mitnehmen?" fragte Würzelchen.
„Ähh", machte der Regenwurm, „kann ich nicht, Du musst dich schon selber anstrengen. Für mich ist es auch nicht ganz leicht, nach oben zu kommen. Tu halt was."

Das ließ sich Würzelchen nicht zwei Mal sagen. Es reckte und streckte sich und trieb seine Wurzelstränge nach oben, immer weiter nach oben. Das ging zunächst recht gut. Doch plötzlich stieß es an etwas Hartes. Würzelchen erschrak: „Was ist denn das?"

„Gestatten, ich bin ein Stein", antwortete das harte Etwas.

„Ein Stein…", wunderte sich Würzelchen, „du Stein, gib bitte ein wenig nach. Weißt du, ich muß durch dich durch."

„Das geht nicht", sagte der Stein.

„Warum nicht?" fragte Würzelchen.

„Weil ein Würzelchen wie du nicht durch einen Stein wachsen kann."

„Ooch…", enttäuscht pochte Würzelchen an dem Stein herum: „Was soll ich dann tun. Ich will doch nach oben?"

Der Stein knurrte: „Mußt eben einen Umweg machen."

„Du meinst, ich soll um dich herumwachsen?"

„Genau so."

Würzelchen überlegte: „Soll ich nun rechts oder links um dich herum?" „Versuche es nach beiden Seiten", schlug der Stein vor, „sieh zu, wo die Erde am weichesten ist. Diesen Weg kannst du dann nehmen".

„Danke für den Rat", sagte Würzelchen, und vorsichtig tastete es sich um den Stein herum. Dann stieg es weiter aufwärts. Das ging jetzt immer besser, weil die Erde da oben leicht und locker war. Als sich Würzelchen gerade mal ausruhen wollte, stellte es fest, dass es auf einmal nicht mehr allein war. Vor ihm, hinter ihm und neben ihm krabbelten jetzt viele Pflanzenkinder aus einem Samenkorn heraus. Sie sahen Würzelchen erstaunt an und fragten: „Wo kommst du denn her?" „Von tief drunten", antwortete Würzelchen stolz, „ich bin gerade um einen Stein herumgeklettert."

„Wo geht's denn hier ins Helle?" wollte eines der kleinen Pflanzenkinder wissen. „Müssen wir nach links, nach rechts, nach oben oder nach unten?"

„Immerzu nach oben", rief Würzelchen, „kommt alle mit, wir klettern gemeinsam hinauf."

Die Pflanzenkinder waren einverstanden. Sie wuchsen und wuchsen, genau wie Würzelchen, immer weiter in die Höhe. Eines Tages schauten sie aus der Erde heraus: winzigkleine grüne Blätter und Halme. O, war es schön hier oben! Die Pflanzenkinder jubelten. Noch ein Stückchen trieben sie weiter ins Licht hinauf. Doch dann verwandelten sie sich langsam: einige wurden zu Gänseblümchen, andere zu Veilchen, und wieder andere hatten ein Schlüsselblumen- oder Vergißmeinicht-Kleidchen angezogen. Die meisten jedoch standen als Gräser in der Wiese.

Und Würzelchen? Würzelchen blühte nicht. Es wuchs immer weiter, immer höher in den Himmel hinauf, und es hörte nicht auf, zu wachsen. Statt einem Stengel, wie die Blumen, hatte es auf einmal einen Stamm. Aus dem Stamm aber wuchsen Äste, aus den Ästen Zweige. Und aus den Zweigen krochen kleine grüne Nadeln.

Staunend schauten die Blumen und Gräser zu ihm hoch, und sie riefen: „Das wird ja ein Tannenbaum!"

Der kleine Baum schaute an sich herunter: „Tatsächlich, ich bin ein Tannenbaum." Und dann wuchs er wieder, das ganze Jahr hindurch und noch viele Jahre dazu.

Eines Tages jedoch, es war im Winter, kam der Förster des Wegs. Er hatte noch einen großen Mann bei sich mit langem weißen Bart. Das war der Nikolaus. Die beiden blieben vor Würzelchen stehen, das inzwischen schon ein recht großer Tannenbaum geworden war, und sie sagten: „Das hier könnte auch ein schöner Christbaum werden." Dann sägten sie das Tännchen ab und nahmen es mit. Und am Heiligen Abend wird es sicherlich irgendwo als Christbaum stehen, vielleicht sogar bei uns zu Hause.

Vorschlag: Ein Tannenzapfen oder ein Tannenzweig mit der Bemerkung: „Das ist ein Gruß von Würzelchen, das am Weihnachtsfest als Christbaum zu uns kommt."

20. Dezember

„Weißt du eigentlich, woher die Christbaumkugeln kommen?" fragten die Sterne den Nikolaus. Der überlegte: „Da war mal was mit einem alten Glasbläser. So genau kann ich mich nicht mehr erinnern. Aber ich selbst habe damals diesen Glasbläser besucht. Das muss eine geheimnisvolle Sache gewesen sein. Wenn ich mich nur noch erinnern könnte, wenn ich mich nur noch erinnern könnte. Ich weiß sie nicht mehr." „Aber wir", freuten sich die Sterne, „wir waren bei diesem Glasbläser, und einer von uns wird dir jetzt diese geheimnisvolle Geschichte erzählen." „Bin gespannt", sagte der Nikolaus und hörte gut zu.

Glaskugeln

In einem weiten, fernen Land, mitten in einem tiefen Wald wohnt ein uralter Glasbläser. Er arbeitet dort seit Jahrhunderten an einem geheimnisvollen Kelch. Aber er will ihn niemandem zeigen, bevor er fertig ist. Und fertig scheint dieser Kelch noch lange nicht zu sein. Immer wieder findet der Alte ein neues Muster, das er in den Kelch hineinschleift. Er gibt sich damit viel Mühe und freut sich, wenn ihm eine Rosette oder ein Stern besonders gut gelingt.

Nur über Advent und Weihnachten arbeitet der Glasbläser nicht an seinem Kelch. Jedes Jahr um diese Zeit stellt er ein Licht hinter das Kunstwerk. Dann funkelt und glitzert es in allen Farben. Tausendmal bricht sich das Licht in dem geschliffenen Glas und leuchtet durch das Fenster des Glasbläserhauses bis tief in den dunklen Wald hinein. Die Tiere sehen dann verwundert auf. Und die kleinen

Waldwesen, die Gnome, Wichtel und Elfen, scharen sich um die Hütte des Glasbläsers und wärmen sich an dem Licht. Denn es ist ein warmes Licht, das der Kelch des alten Glasbläsers ausstrahlt.

Eines Abends im Advent reiste der Nikolaus in das ferne Land zu dem uralten Glasbläser und pochte an dessen Türe. Der Alte freute sich darüber, bat ihn herein und führte ihn zu seinem Kelch. Ja, der Nikolaus durfte sein Kunstwerk von allen Seiten betrachten, schließlich war er kein gewöhnlicher Mensch, sondern eben der Nikolaus.

„Du bist ein großer Künstler", sagte der Nikolaus zu dem alten Glasbläser, „und ich habe auch Verständnis dafür, dass du dein Kunstwerk den Menschen erst zeigen willst, wenn du es vollendet hast. Aber kannst du mir nicht aus deiner Werkstatt irgend etwas mitgeben, das auch ein wenig leuchtet. Nicht so wundersam wie dein Kelch. Es soll nur so viel ausstrahlen, wie es die Menschen verstehen. Weißt du, ich denke an irgend etwas, in dem sich die Lichter des Christbaums widerspiegeln können. Meinst du, dass dir dafür etwas einfallen wird?"

Der alte Glasbläser trat vor die Hütte und schaute in den Sternenhimmel. Dann breitete er die Arme aus und rief: „Ich werde dir den ganzen Sternenhimmel für die Christbäume der Menschen mitgeben, lauter runde, bunte Welten."

Erstaunt schaute der Nikolaus den Glasbläser an: „Bunte Welten willst du für mich blasen, bunte Welten für den Christbaum? Wieso denn das?" Da deutete der Glasbläser zum Himmel hinauf: „Schau, Nikolaus, was da oben im All herumschwebt, das sind doch bunte Welten." Der Nikolaus nickte: „Das stimmt schon." „Und diese bunten Welten leuchten da oben durch Gottes allmächtige Kraft." „Ja, auch das stimmt", gab der Nikolaus dem Glasbläser recht. „Und deshalb", sagte der Glasbläser, „deshalb, lieber Nikolaus, hänge Kugeln an die Christbäume. Diese Kugeln sollen dann für die Menschen ein Zeichen sein, dass nicht nur ihre Erde, sondern alle Welten unter Gottes Wort stehen."

Dem Nikolaus gefiel diese Idee. Da machte sich der Glasbläser sogleich an die Arbeit. Er blies aus feinem Glas lauter Kugeln, große und kleine, rote, grüne, blaue, violette, goldene und silberne. Und die gab er dem Nikolaus mit. So sind vor langer, langer Zeit die ersten Glaskugeln entstanden. Ein geheimnisvoller Glasbläser in einem fernen Land hat sie geschaffen, damit sie die Menschen in der Zeit der Heiligen Nächte an die großen und kleinen Welten des Sternenhimmels erinnern und an den, der über ihnen waltet.

Vorschlag: Eine Glaskugel

Zwerge
(zum Aufsagen)

Als Geschenk von all den Zwergen
hinter sieben großen Bergen
haben wir was mitgebracht,
das euch sicher Freude macht.

Kugeln, seht nur, schöne runde,
goldene und viele bunte.
Eine jede Kugel passt
an des Tannenbaumes Ast.

Wollen euch damit beglücken,
damit ihr beim Christbaum-Schmücken
auch ein wenig an uns denkt
und uns eure Freundschaft schenkt.

„Nicht nur Glaskugeln hängen an den Christbäumen", meinte ein Stern, der jetzt aus dem Sack des Nikolaus herausschaute, „manchmal baumeln auch kleine Figuren an den Zweigen. Weißt du, Nikolaus, solche Figuren, die es jetzt auf den Weihnachtsmärkten gibt. Und darüber habe ich von einem Weihnachtsengel eine fast unglaubliche Geschichte erfahren." „Dann erzähle sie uns doch", sagte der Nikolaus. Da erzählte der Stern die Geschichte von dem kleinen Weihnachtsengel.

Bei der Eule

Es war einmal ein kleiner Weihnachtsengel, der durfte in diesem Jahr zum erstenmal auf die Erde zu den Menschen fliegen. Er freute sich ganz arg darauf und hatte große Pläne. Mit den Kindern wollte er Weihnachtslieder singen und ihnen Geschichten vom Himmel erzählen. Fröhlich flog er los. Und dort, wo die Menschen die Kerzen an ihrem Adventskranz angezündet hatten, huschte er in die Häuser und stellte sich dazu. Aber ach, wohin er auch kam, die Menschen konnten ihn weder sehen noch hören, nicht einmal die Kinder. Da wurde der kleine Weihnachtsengel sehr, sehr traurig. Was nur musste er tun? Vielleicht sollte er die großen Weihnachtsengel um Rat fragen.

Er flog in der Gegend herum, um einen dieser großen Engel zu finden. Dabei kam er über einen Wald. Und da sah er auf einmal tief drunten zwei Lichter aufblitzen. Was war denn das? Adventslichter mitten im Wald? Nun, das wollte der kleine Weihnachtsengel genau wissen. Vorsichtig flog er auf die Lichter zu. Und was sah er? Eine Eule! Das Licht, das war nur der Mondschein, der sich in den Augen des mächtigen Vogels spiegelte.

"Schuhu, schuhu", machte die Eule, „komm näher, kleiner Weihnachtsengel. Ich tu dir nichts." Der Weihnachtsengel staunte: „Du kannst mich sehen?" „Warum soll ich dich nicht sehen können?" fragte die Eule.
„Weil die Menschen mich nicht sehen."

„Die Menschen sehen vieles nicht", bemerkte die Eule, „und nun bist du wohl traurig darüber."

„Woher weißt du?" „Alle sind traurig, die zur alten Eule kommen. Das war schon immer so. Setz' dich zu mir auf den Ast und erzähle." Da setzte sich der kleine Weihnachtsengel auf den Ast neben die alte Eule und erzählte. Er erzählte von den Menschenkindern, die ihn, den Weihnachtsengel, einfach nicht bemerkten. „Dass ich unsichtbar bin, mag ja noch angehen, aber ich weiß nicht einmal, ob sie wenigstens gespürt haben, dass ich da bin", klagte der kleine Engel, „und dann bin ich auch gar nicht sicher, ob die Menschen überhaupt wissen, dass es unsereins gibt."

Die alte Eule nickte. Sie konnte dem kleinen Weihnachtsengel zwar auch keine Antwort und erst recht keinen Rat geben. Aber sie konnte zuhören. Und anderen zuhören können, das ist etwas ganz besonders Wichtiges. Das spürte auch der kleine Engel, und deshalb fühlte er sich so wohl bei der alten Eule. Er erzählte und erzählte. Und die alte Eule schloss ihre großen Augen und öffnete ihre Ohren und hörte zu.

Aber da gab es noch andere, die sich die Sorgen und Nöte des Weihnachtsengels anhörten: das waren die Wurzelmännchen, die in den Astbiegungen und zwischen den Wurzeln der Bäume schon halb im Winterschlaf lagen. Aufgeregt sprangen sie hoch. „Wir müssen dem Weihnachtsengel helfen", riefen sie einander zu, „wir müssen den Menschen zeigen, wie Weihnachtsengel aussehen."

„Und wie wollt ihr das anstellen?" fragte die Eule. Die Wurzelmännchen lachten: „Das ist doch ganz einfach, wir schnitzen aus Wurzelholz winzige Weihnachtsengel als Christbaumschmuck. Was an ihrem Christbaum hängt, das sehen die Menschenkinder sehr wohl. Und wenn unsere hölzernen Weihnachtsengel an den Zweigen baumeln, dann können sich die Menschen wenigstens vorstellen, wie richtige Weihnachtsengel aussehen."

Die Eule und der kleine Weihnachtsengel fanden diese Idee gut. Da machten sich die Wurzelmännchen sogleich an die Arbeit und schnitzten viele, viele Engelchen: Engelchen mit Trompeten, Geigen oder Flöten, Engelchen, die auf Halbmonden oder auf Sternen saßen und solche, die an Glocken hingen. Als sie damit fertig waren, brachten sie ihren Christbaumschmuck auf den Weihnachtsmarkt. Der Weihnachtsengel begleitete sie. Jetzt sitzen sie manchmal miteinander dort auf dem Weihnachtsmarkt unsichtbar hinter einer der Buden und warten auf die Menschen. Und sie freuen sich riesig, wenn ein Menschenkind so eine kleine Engelsfigur kauft. In der Nacht aber erzählen sie alles, was sie gesehen und erlebt haben, der alten Eule im Wald. Und die freut sich natürlich mit ihnen.

Vorschlag: Ein kleiner Holzengel oder ein (Wurzel)zwerg

Der Wurzelwicht
(zum Aufsagen)

Ich bin ein kleiner Wurzelwicht
und hätt' so gern ein Weihnachtslicht.
Es ist so dunkel in dem Wald
und außerdem jetzt bitter kalt.
Jedoch das Licht der Weihnachtszeit
verbreitet Wärme weit und breit.
Drum bittet euch der Wurzelwicht:
schenkt der Natur ein Weihnachtslicht.

22.
Dezember

*„Ich hätte auch eine Geschichte vom Weihnachtsbaumschmuck",
rief ein Stern am anderen Tag dem Nikolaus zu, „meine Geschichte
beginnt im Wald. Ich habe sie von einem Tannenbaum erfahren.
Willst du sie hören?" „Aber klar", sagte der Nikolaus. Da erzählte der
Stern die Geschichte von einem Fliegenpilz.*

Fliegenpilze

Mitten im Wald unter hohen Tannen stand ein purpurroter Fliegenpilz mit weißen Tupfen auf seinem Käppchen. Um ihn herum
wuchsen Steinpilze, Maronen- und Butterpilze, und die hatten es
furchtbar wichtig. „Wir bleiben nicht lange hier", tuschelten sie
miteinander, „bald werden Menschen kommen und uns einsammeln. Wir sind nämlich essbar. Und wir schmecken gut, sehr gut
sogar."

„Ich möchte auch von Menschen eingesammelt werden", sagte der
Fliegenpilz. Der Steinpilz neben ihm musste lachen: „Du, du willst
von den Menschen geholt werden. Für die bist du doch giftig. Weißt
du das nicht?"

„Nein", gestand der Fliegenpilz, „ich fühle mich gar nicht so giftig."
„Bist du aber", kicherten die Pfifferlinge.

Kurz darauf kamen einige Frauen durch den Wald. Sie schnitten
tatsächlich die Steinpilze, Maronen- und Butterpilze knapp über
dem Boden ab und legten sie in Körbe. Auch die Pfifferlinge sam-

melten sie so ein und nahmen sie mit. Der Fliegenpilz stand auf einmal allein da. Alle seine Freunde waren verschwunden. Einsam fühlte er sich nun und verlassen, und er weinte traurig vor sich hin.

Wo aber ein Mensch, ein Tier oder auch nur ein Fliegenpilz traurig ist, da sind sogleich die Engel zur Stelle und versuchen, zu trösten. Und je kleiner ein Wesen ist, sei es ein Mensch, ein Tier oder ein Fliegenpilz, desto besser kann es die Engel sehen und nicht nur spüren, wie die erwachsenen Menschen.

So stand auch bald ein kleiner Pflanzenengel vor dem Fliegenpilz und fragte: „Warum weinst du?"

„Weil die Menschen mich nicht mögen", antwortete der Fliegenpilz. „Die Menschen mögen dich schon. Sie finden dich sogar schön, wenn sie dich im Wald sehen."

„Aber sie nehmen mich nicht mit zu sich nach Hause."

„Weil sie dich nicht essen können", erklärte der Pflanzenengel, „für sie bist du giftig."

„Ja, ja", seufzte der Fliegenpilz, „außer den Schnecken mag mich niemand. Ich bin vollkommen nutzlos."

Der Pflanzenengel schüttelte den Kopf: „Nichts und niemand ist nutzlos auf dieser Welt. Du bist wunderschön. Genügt dir das nicht?"

Doch das tröstete den Fliegenpilz keineswegs. „Was hilft mir meine Schönheit", klagte er, „wenn mich die Menschen hier im Wald kaum beachten, mich als giftig abtun. Ich möchte auch einmal zu den Menschen, möchte ihnen gefallen."

Der Tannenbaum, unter dem der Fliegenpilz stand, ließ ein paar Nadeln herunterrieseln und flüsterte: „Komm doch mit mir. Ich darf in diesem Jahr ein Christbaum werden, hat der Förster gesagt, und da komme ich zu den Menschen, ohne dass sie mich gleich aufessen."

„Halt, halt, so geht das nicht", rief der Pflanzenengel dazwischen, „nein, so geht das wirklich nicht." Aber plötzlich hatte er eine Idee. Er wedelte mit seinen Flügeln und meinte: „Ich muss mich noch mit den großen Engeln und mit dem Nikolaus besprechen. Vielleicht können die helfen." Und weg war er.

Bald darauf, noch mitten im Herbst, kam überraschend der Nikolaus in den Wald. Lächelnd bückte er sich über den Fliegenpilz und sagte: „Ich werde dich noch in diesem Jahr zu den Menschen bringen und zwar zusammen mit dem Tannenbaum über dir." Dann schnitt er den Fliegenpilz ab, verzauberte ihn Hokuspokus in einen winzigen Wattepilz und nahm ihn mit zu den Weihnachtsengeln. Die aber ließen nach dem Vorbild des kleinen Fliegenpilzes noch mehr Wattepilze basteln. Und so entstanden die ersten Christbaumschmuck-Pilze.

Inzwischen gibt es ganz viele davon. Sie sitzen jedes Jahr auf den Zweigen der Weihnachtsbäume und erzählen den Glaskugeln und Kerzen, den Silberfäden und Glitzersternchen Geschichten vom Wald. Sie erzählen von den Bäumen, die im Herbst ihre Blätter verlieren, vom Farn, von den Pilzen, den Vögeln, den Eichhörnchen, den Rehen und Hasen. Eines dieser Wattepilzchen ist der verzauberte Fliegenpilz. Ob er vielleicht auch einmal bei uns im Christbaum sitzt?

Vorschlag: Ein Fliegenpilz (Christbaumschmuck)

Der Fliegenpilz
(zum Aufsagen)

In einem dunklen, dunklen Tann,
da fand mich einst der Weihnachtsmann,
und Hokuspokus, über Nacht
hat er mich winzigklein gemacht.
Nun sitze ich, ihr glaubt es kaum
als Fliegenpilz im Weihnachtsbaum.

74

23.
Dezember

„Habt ihr denn überhaupt noch Geschichten?" fragte der Nikolaus die Sterne in seinem Sack. „Mehr als du brauchen kannst", riefen die ihm entgegen. Ein Stern tat sich besonders hervor: „Ich habe hier eine Geschichte, die beginnt nicht im Herbst, wie die Geschichte vom Fliegenpilz, meine Geschichte fängt sogar schon an Ostern an". „Lass sie hören", sagte der Nikolaus. Da erzählte der Stern die Geschichte vom vergessenen Osterglöckchen.

Das Weihnachtsglöckchen

Es war kurz vor Ostern. Bäckermeister Würzegut hatte aus Hefeteig viele leckere Osterhasen gebacken. Jetzt wollte er sie noch verzieren. Er holte eine Schachtel mit goldenen Glöckchen und eine Schachtel mit bunten Bändern. Dann nahm er immer wieder ein Band, befestigte daran ein Glöckchen und knüpfte es einem Osterhasen um den Hals mit einer großen Schleife. Das sah lustig aus. Bald standen die Osterhasen im Bäckerladen. Ihre roten, blauen, gelben, grünen und lila Schleifen leuchteten wie bunte Ostereier. Und überall hingen goldene Glöckchen dran. Das gefiel den Leuten so gut, dass die Hasen in kurzer Zeit verkauft waren.

Da musste der Bäcker neue backen. Und wieder knüpfte er jedem Hasen ein Glöckchen um den Hals mit einer roten, blauen, gelben, grünen oder lila Schleife. Aber ach, für das letzte Glöckchen hatte er kein Band mehr. Was tun? Bäckermeister Würzegut überlegte. Auf einmal entdeckte er in der Schachtel ein dünnes Goldfädchen, das wohl noch von Weihnachten übriggeblieben war. „Nehm' ich das", sagte er zu sich selbst, „zur Not kann ich auch damit das Glöckchen meinem letzten Hasen um den Hals binden." Wichtig war ihm dieser Hase sowieso nicht mehr. Irgendwie hatte er das Backen nicht vertragen. Der Kopf lag schief und die Ohren waren zu kurz geraten. „Aber was soll's, er wird ja eh gegessen", dachte der Bäcker und stellte den Hasen trotzdem zu den anderen in den Laden.

Nun, dem Hasen machte das nicht viel aus. Er wusste, dass er genausogut schmeckte wie die anderen Hasen, die große, lange Ohren und einen geraden Kopf hatten. Aber das Glöckchen, das an ihm hing, musste in dieser Zeit sehr viel leiden. Es wurde von den anderen Glöckchen ausgelacht. „Huch", kicherten die, „du hängst aber an einem dünnen Fädchen. Schau uns mal an."

Und dann prahlten sie mit ihren roten, blauen, gelben, grünen und lila Schleifen. Jedes wollte an einem schöneren Band hängen, eine größere Schleife haben, als die anderen. Da kam sich das Glöckchen an dem dünnen Fädchen ganz armselig vor. Es wagte nicht einmal, zu läuten.

Die Hasen mit den bunten Schleifen wurden dann noch vor Ostern nach und nach verkauft. Nur der mit dem schiefen Kopf und den zu kurzen Ohren, der auch keine schöne Schleife hatte, blieb übrig. Den schenkte der Bäckermeister schließlich einem kleinen Jungen. Und der aß den Hasen gleich auf.

Das Glöckchen nahm er mit nach Hause und legte es in seinem Zimmer neben eine Kuhglocke, die er einmal auf einer Wiese gefunden und mitgenommen hatte. Doch, o weh, diese Kuhglocke war noch eingebildeter als die Glöckchen mit den bunten Schleifen. Sie hing ja auch an einem dicken Lederband, wie es die Kühe manchmal um den Hals tragen. Hochmütig blickte sie auf das unscheinbare Glöckchen herunter und fragte spöttisch: „Kannst du überhaupt läuten?"

Das Glöckchen versuchte schüchtern seinen kleinen Glockenklöppel zu schwingen, aber die Kuhglocke lachte nur dazu: „Lass das lieber bleiben. Bei dir kommt ja doch kein richtiger Ton heraus. Hör' mich mal an. Ich habe einst über Wiesen und Weiden hinweg geläutet, und alle Kühe mussten auf mich hören."

Und dann schwang die Kuhglocke ihren Kuhglockenklöppel. Das klang so hart, so laut, dass dem Osterglöckchen davon fast schlecht wurde.

Den ganzen Sommer und Herbst lang tat sich die Kuhglocke nun wichtig mit ihrer Kuhglockenzeit auf der Wiese. Das Glöckchen an dem dünnen goldenen Fädchen kam sich immer armseliger, immer unwichtiger vor. Ein Glück, dass ab und zu jemand zum Abstauben kam. Da hängte sich dann das Glöckchen heimlich ans Staubtuch. Das gab ihm die Gelegenheit, sich hinter die Bücher zu verkriechen. Dort lag es dann versteckt, vergessen und traurig. Nur weg von der Kuhglocke!

Eines Tages öffnete der Junge das Fenster zu einer Zeit, als draußen in der Stadt auch Glocken läuteten. Aber die klangen anders als die Kuhglocke, nicht so hart und kalt. Ja, es war dem Glöckchen, als ob sie ihm mit ihrem tiefen Läuten zuriefen: „Sei nicht traurig, merke dir: jede Glocke, ob groß oder klein, hat ihren eigenen Klang, ihren eigenen Wert."

Noch des öfteren hörte das Glöckchen die großen Kirchenglocken läuten. Und jedesmal klangen tröstende Töne zu ihm herüber. Bald darauf, es war am Weihnachtstag, sollte das Glöckchen etwas so Schönes erleben, dass es ganz fröhlich wurde, so fröhlich, wie es eigentlich noch nie gewesen war. Der Junge, der es damals mit nach Hause genommen hatte, wollte ein Buch holen, da fiel ihm das Glöckchen in die Hand. Er nahm es vom Bücherregal herunter und ließ es immer wieder läuten. Dann lief er zu den Eltern ins Weihnachtszimmer. Dort stand schon der festlich geschmückte Christbaum. „Seht nur, was ich gefunden habe", rief der Junge, „ein

Weihnachtsglöckchen. Das hängen wir noch an unseren Baum." Er befestigte das Glöckchen an einem Zweig, gleich neben einer Kerze. Auch am Heiligen Abend war es dabei. So bekam das vergessene Osterglöckchen nach einer langen, schweren Zeit doch noch den schönsten Platz, den sich ein Glöckchen überhaupt wünschen kann: Es durfte in einem Christbaum hängen. Dort lächelten ihm die Sterne und Glaskugeln fröhlich zu, die Kerzen leuchteten ihm liebevoll entgegen, und manchmal kamen Weihnachtsengel und ließen es läuten. Und die sagten ihm auch, dass es einen besonders schönen Klang hätte.

Da wurde das Glöckchen sehr glücklich. Es freute sich an seinem dünnen goldenen Fädchen und war gar nicht mehr traurig darüber, dass es damals keine rote, blaue, gelbe, grüne oder lila Schleife bekommen hatte.

Vorschlag: Ein Glöckchen.

Das Glöckchen
(zum Aufsagen)

Ein Glöckchen bin ich, klingelinge,
erzähl' euch wundersame Dinge:
hoch droben von dem Himmelszelt
ein Sternchen jetzt herniederfällt,
drin sitzen viele Weihnachtslieder,
die rufen: „Kinder, singt uns wieder!"
Dann fliegen sie von Haus zu Haus
und suchen sich die Menschen aus,
die singen und die musizieren.
Drum lasst uns keine Zeit verlieren
und fröhlich miteinander singen.
Kling, Glöckchen, du sollst auch erklingen!

24. Dezember

„Jetzt brauche ich noch eine letzte Geschichte von euch", sagte der Nikolaus zu den Sternen, die ihn während der Adventszeit begleitet hatten, „habt ihr was für mich?" Die Sterne strahlten: „Ja, wir haben etwas sehr Gutes, Erfreuliches zu berichten." Und dann erzählte ein hell leuchtender Stern eine Geschichte, die ihm ein Engel zugeflüstert hatte.

Geburtstagsgeschenke

Es war am Morgen des 24. Dezember. Ann-Christin saß in ihrem Zimmer und betrachtete den Rauschgoldengel, den ihr die Großmutter auf dem Weihnachtsmarkt gekauft hatte. Schön sah er aus mit seinen glitzernden, goldenen Flügeln. Ann-Christin nahm ihn in die Hand, drehte ihn nach allen Seiten und stellte ihn wieder auf den Tisch. Und dann sprach sie mit ihm, eigentlich nur so aus Spaß, nicht weil sie sich dabei etwas dachte: „Du, Rauschgoldengel, meinst du, dass ich heute abend alles bekomme, was ich mir gewünscht habe? Die Eltern, na, die sind ja manchmal etwas knauserig, aber die Oma und der Opa, die könnten vielleicht…"

Da plötzlich bewegte der Rauschgoldengel seine Flügel. Jetzt wurde er groß und größer, und dann, Ann-Christin traute ihren Augen nicht, dann schwebte auf einmal vor ihr ein richtiger Engel. Das Kind erschrak, denn so schön, so leuchtend diese seltsame Erscheinung auch war, so wirkte sie doch etwas furchterregend.

„Kennst du eigentlich die Weihnachtsgeschichte?" fragte der Engel streng. Ann-Christin nickte. „Und was haben die Hirten damals dabeigehabt, als sie zum Stall von Bethlehem wanderten?"

„Sie haben… sie haben… Wolle und Milch mitgenommen, Gaben für das Jesuskind", stotterte Ann-Christin.

„Siehst du", sagte der Engel, „sie haben Gaben gebracht. Aber du, du denkst nur an das, was du haben willst. Denke doch auch einmal an andere. Wie wär's denn, wenn du dem Erlöser, der damals geboren ist, ein Geburtstagsgeschenk machen würdest? Heute feiert ihr doch seinen Geburtstag."

Ann-Christin sah den Engel ratlos an: „Ein Geburtstagsgeschenk? Was soll ich denn da schenken, und wo soll ich es hinbringen?"

Jetzt lächelte der Engel und schaute das kleine Mädchen so liebevoll an, dass es gar keine Angst mehr vor ihm hatte.

„Weihnachten", flüsterte er, „Weihnachten ist auch das Fest der Liebe. Wenigstens in dieser Zeit sollte es keine Feindschaften mehr geben. Bist du mit irgend jemand zerstritten?"

„Das kann man wohl sagen", platzte Ann-Christin heraus, „die Ines, die hat doch…"

„Geh' zu ihr", unterbrach sie der Engel, „bring' ihr eine Kleinigkeit als Gruß, und vertragt euch wieder."

„Aber das ist doch kein Geschenk", meinte Ann-Christin.

„Doch, das ist ein Geschenk. Es ist ein Geschenk der Liebe. Aber du kannst auch noch etwas anderes tun. Kennst du in deiner Klasse (im Kindergarten) ein Mädchen oder einen Jungen, dem es nicht so gut geht, wie dir?"

Ann-Christin nickte: „Kenn' ich schon."

„Dann schenke ihm etwas von dir. Aber nichts, das du sowieso nicht magst, sondern etwas, von dem du dich eigentlich nicht so gerne trennst. Das ist dann ein echtes Geschenk für den, dessen Geburtstag ihr heute feiert. Er freut sich, wenn die Menschen einander Liebes tun und sich gut sind. Aber er ist traurig, wenn sie nur an die Dinge denken, die sie selbst haben wollen."

Etwas beschämt senkte Ann-Christin den Kopf. Als sie wieder aufblickte, war der Engel verschwunden. Nur noch die glitzernde Rauschgoldfigur stand auf dem Tisch. Aber in Ann-Christin war auf einmal eine eigenartige Freude, eine Lust am Schenken, am Versöhnen. Sie stand auf und schaute sich ihre Spielsachen an. Ach, was hatte sie doch eine Menge Plüschtiere auf ihrem Regal sitzen. Sie griff nach einem kleinen Hasen, den mochte sie sowieso nicht. Aber halt, gerade deshalb durfte sie den nicht unbedingt verschenken, hatte der Engel gemeint. Und das Lämmchen da oben? Das liebe kuschelige Lämmchen… das gab sie nicht so gerne her. Ann-Christin holte es vom Regal und streichelte ihm über das weiße Fell: „Dich bring' ich dem Boris, der ist erst von Russland gekommen und hat, glaube ich, überhaupt keine Spielsachen."

Jetzt fiel Ann-Christins Blick auf zwei kleine hölzerne Engelchen, die Geige spielten. Der Regine hatten die besonders gefallen. Zu gerne hätte sie selbst so ein Engelchen gehabt, aber die Eltern kauften ihr sowas nicht. Sie brauchten wohl das Geld für andere Sachen, weil doch Regines Vater arbeitslos war. „Zu was muss ich zwei geigende Engelchen haben", sagte Ann-Christin zu sich selbst, „eines genügt mir auch. Das andere soll Regine bekommen."

Kurzentschlossen steckte sie beide Geschenke in einen Beutel, legte noch einen selbstgebastelten Weihnachtsstern dazu und zog los. Ach, wie freute sich der kleine Boris, als ihm Ann-Christin mit einem „fröhliche Weihnachten" das Lämmchen überreichte. Tränen kullerten ihm über die Wangen. Er streichelte und liebkoste das Kuscheltierchen immer und immer wieder. Dann zeigte er es strahlend seiner Mutter. Die schaute das fremde Mädchen erstaunt an. Sie küsste es auf beide Wangen: „Gottes Segen mit dir, mein Kind."

Glücklich darüber, dass sie Freude gemacht hatte, lief Ann-Christin zu Regine. Auch dort kam ihr Geschenk gut an. Regine konnte es nicht fassen, dass sich die Freundin von solch einem schönen wertvollen Stück trennen wollte. Sie umarmte Ann-Christin und drückte sie fest: „Du bist die liebste, beste Freundin, die es gibt."

Ja, und dann kam der schwerste Weg: Ines. Schon lange hatten die beiden Streit, sprachen kein Wort miteinander. Mit Herzklopfen läutete Ann-Christin an der Türe. Ines' Mutter machte auf: „Ann-Christin, du?"
„Guten Tag, ist Ines zu Hause?"

„Ja, komm' herein."

Die beiden Mädchen starrten sich zunächst lange an. Dann zog Ann-Christin den Weihnachtsstern aus dem Beutel und hielt ihn Ines vor die Nase: „Da, den hab' ich für dich gemacht."

Ines war verdutzt. Vorsichtig griff sie nach dem Weihnachtsstern, als ob er zerbrechlich wäre: „Den hast du für mich gemacht?"

„Ja, für dich."

„Danke", und – nach einer kleinen Pause: „Wollen wir Frieden schließen?"

„Ich meine schon. Heute ist doch Weihnachten."

Sie fielen sich in die Arme und heulten alle beide aus Freude über ihre Versöhnung: „Fröhliche Weihnachten!"

Beschwingt ging Ann-Christin an diesem 24. Dezember nach Hause. Glücklich setzte sie sich vor ihren Rauschgoldengel und fragte: „Hab' ich's recht gemacht?" Und da war es ihr, als ob für einen kurzen Augenblick ein leuchtender Schein durchs Zimmer huschte.

Als sie dann am Abend das Weihnachtsevangelium hörte, da wanderte Ann-Christin in Gedanken mit den Hirten nach Bethlehem. In ihren Armen hielt sie ein kuscheliges Lämmchen, einen kleinen, geigenden Holzengel und einen selbstgefalteten Weihnachtsstern. Das waren ihre Geburtstagsgeschenke für das Christkind.

Vorschlag: Eine Engelsfigur (Christbaumschmuck oder Rausch-goldengel)

Es war noch am Heiligen Abend, da öffnete der Nikolaus seinen Sack wieder ganz weit. „Danke, ihr Sterne", sagte er, „ihr habt eure Sache gut gemacht, habt mir viele schöne Geschichten für die Kinder geschenkt. Ich danke euch dafür." Die Sterne strahlten: „Das haben wir doch gern getan. Und für die Kinder hätten wir noch viele Geschichten. Vielleicht lassen wir sie irgendwann einmal vom Himmel fallen. Aber jetzt müssen wir wieder dort hinauf." „Nehmt ihr mich mit?" fragte der Nikolaus. „Natürlich nehmen wir dich mit", glitzerten die Sterne, „wir können dich doch nicht auf der Erde lassen." Und dann huschten sie, einer nach dem anderen, aus dem Sack. Und auch den Nikolaus zogen sie mit hinauf in den Himmel. Dort stehen sie jetzt wieder groß und leuchtend und strahlen auf die Erde hinunter. Und wenn sie da unten ein Kind entdecken, das ihre Geschichten gehört hat, dann blinken sie ihm freundlich zu.

Hunderttausend Sternlein blinken,
hunderttausend Sternlein winken,
und sie flüstern und sie singen:
„Wir woll'n euch Geschichten bringen,
und die lassen wir euch allen
in den Schlaf als Träume fallen.
Drum, ihr Kinder, seid so nett,
geht jetzt rasch in euer Bett.
Schlaft und träumt in guter Ruh,
wir, die Sternlein, schauen zu".

Weitere Bücher im Mellinger Verlag von Ingeborg Pilgram-Brückner:

NEUERSCHEINUNGEN:

LEUCHTEND SICH DIE TAGE NEIGEN
Hoffnungsvolle Herbstgedanken

ISBN 3-88069-371-4 (2000)

ACH, MEIN LIEBER GARTEN
Vergnügliches rund ums Blumenbeet

ISBN 3-88069-372-2 (erscheint 2001)

WAS DER WALD ERZÄHLT
Kleine Geheimnisse zum Einsammeln

ISBN 3-88069-373-0 (erscheint 2001)

Sieben Perlen für die Zukunft

**Eine Geschichte, die den Kindern unserer Zeit
Hoffnung geben will.**
Mit Illustrationen von Marie-Laure Viriot

Viele Kinder haben heute Angst vor der Zukunft. Sie wissen schon früh, was Luft- und Wasserverschmutzung, Waldsterben und das Ozonloch bedeuten. Meist halten sie ihre Ängste verborgen, doch hin und wieder bricht heraus, was ihnen Sorge macht, oder es schleicht sich ein in ihre Träume. So geht es auch Kathrin und Tobias in diesem Buch. Sie lernen die kranke Zukunft sogar kennen und erfahren, dass ihr böse Habsuchtszwerge wertvolle Perlen aus der Schicksalskette geraubt haben. Diese Perlen gilt es wiederzufinden. Ein schwieriges Unterfangen, aber die Kinder wagen es. Helfende Kräfte stehen ihnen zur Seite. Hoffnung bricht auf. Das Buch möchte hinführen zu den verborgenen Kraftquellen in und um uns, möchte Ängste nehmen und Vertrauen wecken. In phantasievollen Bildern wird aufgezeigt, was auch Kinder tun können, um die Schöpfung zu schützen. Und es klingt an, wie wichtig das menschliche Miteinander, wie gefährlich das Machtstreben ist.

ISBN 3-88069-300-5, 144 Seiten, gebunden, mit 10 Illustrationen, Format 17x24 cm, vierfarbiger Einband

Der Zauberbrunnen

Mit Illustrationen von Marie-Laure Viriot

Eine wundersame Spiegelwelt tut sich in diesem Buch auf. Kathrin, Tobias, Patricia und Nino gelangen ins Reich der Gnomen und Zwerge. Sie entdecken ein geheimnisvolles Dorf, in dem eigenartige Dinge passieren. Wieder ist den Kindern eine Aufgabe gestellt: Sie sollen die Freudengeister befreien, die in unterirdischen Gefilden gefangengehalten werden. Es kommt zu dramatischen Begegnungen. Gefahren lauern, Prüfungen sind zu bestehen. Aber da sind auch der Zauberer Merlin, die Erdmuhme, die Quellnixe und der kleine Harlekin, die den Kindern immer wieder helfen. Gemeinsam gelingt es ihnen, die Freudengeister wieder zu den Menschen zu bringen und die bösen Wesen, die Neid, Bosheit, Ärger, Streit und Habsucht hervorbringen, in den dunklen Brunnen zu verbannen. Ein fröhliches Buch.

ISBN 3-88069-313-7, 88 Seiten, gebunden, mit 8 Illustrationen, vierfarbiger Einband

Das Geheimnis im Bannwald
Mit Illustrationen von Marie-Laure Viriot

Die vier Kinder von „Zauberbrunnen" sind älter geworden. Sie haben ihre Probleme – jeder von ihnen wieder andere. Da sind die nächtlichen Angstträume von Nino – wohl vom zu vielen Fernsehen? Patricia ist wütend, weil sie im Musikwettbewerb keinen Preis bekam. Dabei hatte sie doch so fleißig geübt. Kathrin ist mit sich und der Welt nicht zufrieden und außerdem noch unglücklich verliebt. Und Tobias? Der möchte einmal Naturforscher werden. Er macht allerlei Versuche und erfährt dabei Geheimnisse aus einer anderen Welt. Spannende Ereignisse zwingen die Freunde zu immer neuen Entscheidungen. Wunderliche Dinge passieren da, wirken ins Leben der Kinder hinein. Ein Buch, das für junge Leserinnen und Leser und für deren Eltern interessant und hilfreich sein kann.
„Sieben Perlen für die Zukunft", „Der Zauberbrunnen" und „Das Geheimnis im Bannwald" sind als Trilogie gedacht, doch ist jedes der drei Bücher in sich abgeschlossen.

ISBN 3-88069-335-8, 104 Seiten, gebunden, mit 10 Illustrationen, Format 17 x 24 cm, vierfarbiger Einband

Unternehmen Kuscheltier
Mit Illustrationen von Marie-Laure Viriot

Warum sind die Kuscheltiere eigentlich so beliebt? Warum haben sie ein gewisses Etwas, das nicht nur Kinder erfreut? Da steckt doch irgendein Geheimnis dahinter, und das hat – wie inzwischen bekanntgeworden ist – mit den Zwergen, Gnomen und Wichteln alter Zeiten zu tun. Sie sind jetzt wieder aus ihrer Verborgenheit, aus ihrem Märchendasein hervorgekommen und machen gemeinsame Sache mit den Kuscheltieren. Wie und warum sie sich gerade die Kuscheltiere ausgesucht haben, das wird in diesem Buch verraten. Der Wurzelzwerg Nanus hat das wundersame Geschehen an eine Märchendichterin weitergegeben. Auch wie die Kuscheltiere heute mit Hilfe der Wichtel den Kindern helfen können, hat er ihr erzählt. Und daraus sind viele kleine Geschichten entstanden, Geschichten, die zum „Weiterspinnen" anregen wollen.

ISBN 3-88069-344-7, 72 Seiten, gebunden, mit 14 Illustrationen, Format 17 x 24 cm, vierfarbiger Einband

Der Tod kann uns nicht trennen
Mit Scherenschnitten von Elisabeth Emmler

In diesem Buch, das inzwischen für viele trauernde und einsame Menschen zum Trost werden konnte, stellt Ingeborg Pilgram-Brückner nach dem Tod ihres Ehemannes Heinz-Dieter Pilgram zum erstenmal ein Werk mit Lyrik und Prosa vor, dessen Inhalt in eine andere Welt führt. Ausgehend vom Thema „Trauer und Schmerz" lässt die Autorin immer wieder ein Hoffnungslicht aufleuchten: „Die bittere Einsamkeit und der führende, bewahrende Engel stehen dicht beieinander." Ein feinsinniges Nachspüren der Sinngebung des allein Weiterlebens zeichnet dieses Buch aus. Es will anregen „goldene Fäden der Liebe" nach drüben zu spinnen, um mitzuwirken beim Bau einer geistigen Welt. So will es gleichsam eine Herausforderung sein an die Menschen „in dieser Welt des Seins". In den lebendig erzählten Geschichten und den in die Tiefen des eigenen Wesens weisenden Gedichten liegt jedoch auch die tröstende Gewissheit eines Geborgenseins in Gott.

ISBN 3-88069-357-9, 80 Seiten, gebunden, mit Scherenschnitten

Komm, kleine Freude
Mit farbigen Illustrationen von Ruth Elsässer

Geschichten, Gedichte und Bilder zum Träumen und zum Nachdenken. Da haben sich eine Malerin und eine Autorin zusammengefunden, um Menschen unserer Zeit aus der Hetze und der Sorge des Alltags herauszuführen in eine Welt, in der noch heilende Kräfte wirken. Fröhliche Erzählungen durchs Jahr, aber auch in die Tiefe gehende Geschichten für Krankheit und Trauer, tröstende und helfende Gedanken hat Ingeborg Pilgram-Brückner in diesem Lesebuch für Erwachsene – aber auch für Kinder – zusammengefasst. Ob da ein Freundeskreis einen Wettbewerb im „Freude-Suchen" macht, eine junge Frau Sonnenstrahlen einfängt, ein älterer Herr sich mit seinen Uhren unterhält oder ob die „Stille" einer Kranken Mut zuspricht, eine Schwingung aus dem Kosmos ein Frühlingslied bringt, es sind Geschichten, die – wie auch die eingestreuten Gedichte – die Lesenden zum Nachdenken anregen, aber auch immer wieder Heiterkeit ausstrahlen und Zuversicht mit auf den Weg geben. Die einfühlsamen Bilder von Ruth Elsässer spinnen die Geschichten weiter und lassen sie in Farben aufleuchten. Ein Buch, das Freude und Hoffnungsgedanken bringen möchte.

ISBN 3-88069-369-2, 144 Seiten, gebunden, mit 8 farbigen Illustrationen, Format 16 x 21 cm, vierfarbiger Einband